日本歴史　私の最新講義

藤井讓治

# 天下人秀吉の時代

敬文舎

●刊行委員（五十音順）
荒木　敏夫
池上　裕子
大日方純夫
五味　文彦
栄原永遠男
白石太一郎
藤井　讓治
水本　邦彦
●装丁・デザイン
坪内　祝義

豊臣秀吉木像　大阪城天守閣蔵

寄木造、彩色　造高七三・八センチ

秀吉の画像はかなりの数が残されているが、秀吉の木像は数体を数えるに過ぎない。この木像は、唐冠をかむり、右手に笏を持ち、束帯姿に威儀を正した神像である。眼光鋭く、表情は精悍で気力に満ちたもので、容貌や姿態は写実的で力強さを感じさせる。作者は不明だが、秀吉が大明神となった慶長四年(一五九九)四月から余り下がらない時期の制作と考えられている。

# 天下人秀吉の時代

●写真所蔵先・協力
（口絵）大阪城天守閣
（65ページ）個人蔵／大阪城天守閣保管
（76ページ）熊野大社
（108ページ）『静岡県史』通史編2中世より転載
（150ページ）立花家史料館
（185ページ）大阪城天守閣
（217ページ）国立国会図書館ウェブサイトより転載
（305ページ）福岡市博物館／DNPartcom

●スタッフ
本文レイアウト＝姥谷英子
図版・地図作成＝蓬生雄司
編集協力＝阿部いづみ

●凡例
・年号は和暦を基本とし、適宜西暦・唐暦を補った。
・本文は、原則として常用漢字・現代仮名遣いによった。
・引用文は、原則として史料の表記を用いた。また、適宜句読点を補った。
・中国の地名・人名の振り仮名は、漢字の日本語読みで表記した。韓国の地名・人名の振り仮名は、現地音で表記した。
・本書のなかには、現代の人権意識からみて不適切と思われる表現を用いた史料があるが、歴史的事実を伝えるために、当時の表記をそのまま用いた場合もある。
・参考文献については、各講末に掲げた。
・写真使用につきましては、十分に注意をしたつもりですが、お気づきの点などございましたら、編集部までご連絡ください。

# 目次

# まえがき

私の最新講義『天下人秀吉の時代』は、九講からなる。

まず　第一講「「天下」とはなにか」では、「天下」という歴史用語に注目し、信長・秀吉前期の時代には、その意味するところが日本全土ではなく京都あるいは畿内近国であったことを論じ、研究にあたって歴史用語の意味を時代時代において見きわめ使用することの必要性を説く。

第二講「秀吉の関白任官をめぐる政治ドラマ」では、天正一三年（一五八五）七月、前年まで無官であった秀吉が関白に任官するまでの政治過程を取り上げ、そこで繰り広げられる秀吉、公家、天皇のさまざまな動きと思惑が交叉する様相を描いてみる。

第三講「「家康成敗」に関する秀吉書状―小牧長久手から家康臣従まで」では、史料の改竄（かいざん）、あるいは年代推定の誤りによって、誤った歴史がつくられ、他方で評価すべき歴史事実が抹殺されていたことを論じる。そこでは従来、天正一八年の秀吉による小田原攻めに関するものとされてきた秀吉書状は、天正一八年のものではなく、小牧・長久手の戦いの後から、家康が上洛し秀吉に臣従するまでのあいだのものであることを明らかにし、そこで語られる「家康成敗」計画をこの時期の政治過程に位置づける。

第四講「「惣無事令」はなかった」では、高等学校の教科書にも載せられている「惣無事令」の存在を否定する。そこでは利用された史料の年代推定の難しさを取り上げ、その間違いから導き出された藤木久志氏の「惣無事令」を、それが作り上げられる過程をまず明かにし、ついで他の研究者の藤木説への批判、反批判を検討し、使われてきた史料の年代・解釈を確定することで、「惣無事令」なるものの存在を否定し、氏の主張する関白任官による領土高権の天皇からの委任という歴史的評価の成り立たないことを論じる。

第五講「いわゆる「身分統制令」はなにをめざしたのか」、第六講「豊臣期の奉公人——奉公人身分の創出」、第七講「豊臣期「奉公人」の歴史的位置」は、秀吉期の「奉公人」について論じる。第五講では、この期の「奉公人」を取り上げようとするとき、天正一九年のいわゆる「身分統制令」をめぐるこれまでの分厚い研究史を整理し、課題を明らかにする。第六講では、豊臣期の「奉公人」の具体像を明らかにし、この期に百姓・町人とならぶ身分としての奉公人の存在を提起し、第七講で、この時期の奉公人の歴史的位置を論じる。この三講では、研究史の厚いところで新説を提起しようとするときの手順、またその難しさを学んでいただければと思う。

第八講「秀吉の朝鮮出兵」、第九講「「唐入り」構想の放棄と結末」では、秀吉の「唐入り」朝鮮出兵を取り上げる。秀吉の「唐入り」構想は、天下一統を踏まえて構想されたものではなく、早くは天正一三年にその萌芽がみえ、また当初は朝鮮ではなく唐を目指したものであり、現実に天皇の北京移徙（いし）が計画されたこと、その後の朝鮮での劣勢のなか、順次、講和交渉・撤兵がなされていく過程を詳細にたどる。

各講では、多くの史料を取り上げたが、引用にあたっては、その史料が全体としてどのようなものであるのかを理解するために、直接叙述に関わらない部分も含めできるだけ全文をあげた。史料の掲載にあたっては、便宜掲載する史料集の名称等をあげたが、できるかぎり原本・写真・影写本などによった。そのため、収録した史料の読みや年代推定が刊本と異なるものもある。

第一講

# 「天下」とはなにか

# はじめに

戦国時代から織田信長・豊臣秀吉・徳川家康の時代を描くとき、「天下」という語が使われることがとても多い。「天下」という語は、「天が下（あめがした）」とも読み、一般的には漠然と広く日本全土を指し、また時に幕府や将軍によって作り上げられている政治秩序・体制の意で用いられることもある。

一方、この時代の「天下」が、当時、地理的、空間的にどの地域を指す語として使われていたのかを当時の史料から検討していくと、じつは日本全土を指すことはきわめて少なく、京都あるいは京都を核とする畿内（上方）を指すのがほとんどである。

こういうと、たいそう違和感を覚えられる方々も多いかと思う。そこでまず、当時、「天下」という語がどのように使われていたかを、紹介することからはじめよう。

信長期の「天下」については、高木庸太郎・神田千里・池上裕子氏が論じられ、それぞれニュアンスの違いを含みつつも、信長期の「天下」は、空間的には主として京都あるいは畿内の意であるとされている、これらの成果を踏まえつつ、その後の秀吉・家康の時代に使われた「天下」という語が意味するのはいかなるもので、またそれがどのように変遷していくかをみていこう。

## 京都・畿内を指す「天下」の事例

### 上杉景虎の「天下」

「天下」が、京都あるいは畿内を指す事例として、永禄九年（一五六六）五月九日に越後の上杉(うえすぎ)景虎(かげとら)（謙信(けんしん)）が、「仏神御宝前」にあげた願文の第五条目をあげることができる。

**史料1『上杉家文書』五一五号**

一武田晴信たいち、氏康・輝虎実に無事をとけ、分国留守中きつかいなく、天下江令上洛、守筋目、諸土(士)談合いたし、三好・松長(永)か一類悉かうへをはね、京都公方様・鎌倉公方両公方様とりたて申おいてハ、とうしやふたう、ししやしんりやう、仏法わうほう如前々御意見を申いたさせ申、

**【読み下し文】**

一つ、武田晴信(たけだはるのぶ)(信玄(しんげん))退治、氏康(うじやす)(北条)・輝虎(てるとら)じつに無事を遂げ、分国留守中気遣いなく、天下へ上洛せしめ、筋目を守り、諸士談合いたし、三好・松永(久秀)が一類、ことご

とく頭を刎ね、京都公方様・鎌倉公方両公方様取り立て申すにおいては、堂舎仏塔、寺社神領、仏法王法前々のごとく御意見を申しいださせ申す、

内容は、甲斐の武田晴信（信玄）を退治し、相模の北条氏康と輝虎とが和平を結び、みずからの領国に気遣いなく、「天下江令上洛」、筋目を守り、諸士と談合して、三好・松永（久秀）の一類の頭を刎ね、京都公方様・鎌倉公方様を取り立て、とし、その後に誓約の文言が続く。

ここに「天下江上洛」とあるが、この「天下」が日本国中というのでは意味をなさず、「天下」に続いて「上洛」とあるように、この「天下」は京都と解するのが、もっとも自然である。

## 長景連の「天下」

二つ目の事例は、天正一〇年（一五八二）五月一九日付で長景連が太田小尉らに宛てた書状に、「来札披見、真実以祝着候、今般渡海之義（中略）天下一統之御代、其上越中さえ未落着之処（来札披見、真実もって祝着に候、今般渡海の儀（中略）天下一統の御代、その上越中さえ未だ落着せざるのところ）」と記している（『加能古文書』）。

書状の主である長景連は、能登長氏の庶流で、能登の畠山氏に仕えていたが、のちに越後の上

杉氏の客将となった人物である。

引用部分の内容は、来書をみた、まことに祝着である、今般、能登への渡海について「天下一統の御代」にもかかわらず、越中さえいまだ落着していない、というものであるが、この「天下」のなかに「いまだ落着していない」越中が含まれるとすれば、「天下一統の御代」という表現とは齟齬（そご）する。やはりここでも、「天下」は京都あるいは広くみても上方を意味していると考えられる。

## 秀吉初期の「天下」

三つ目は、天正一〇年、織田信長が死去した本能寺の変のあと、同月一三日に山崎の合戦で羽柴秀吉が明智光秀に攻め勝った直後に、山崎の戦いに勝利するまでの経緯を事細かに美濃今尾城主であった高木貞久（たかぎさだひさ）に六月一九日付で報じた七か条の書状の第四条に、次のように見える。

**史料2**「**高木文書**」『**豊臣秀吉文書集**』**四三六号**

一斉藤内蔵助、二人子を相連、たつな斗にて落行候処、郷人おこり候て、両人之子共ハ首切、蔵助ハ生捕ニ仕、なわをかけ来候条、於天下車ニ乗わたして首切かけ申候事、

【読み下し文】

一つ、斉藤内蔵助(利三)、二人の子を相連れ、手綱ばかりにて落ち行き候ところ、郷人おこり候て、両人の子供首を切り、蔵助は生け捕りに仕り、縄をかけ来り候条、天下において車に乗りわたして首を切り、掛け申候こと、

冒頭の「斉藤内蔵助」は、明智光秀の重臣で、名を利三という。引用部分には、斉藤利三は、山崎の合戦に敗れ、二人の子供と落ち延びるところを、郷人が蜂起し、二人の子供は首を刎ねられ、利三自身は生け捕られ、縄をかけられて秀吉のもとに連れてこられたのを、「天下」において車に乗せ引き回し、その上で首を刎ね、その首を掛けたと記されている。

ここに見える「天下」は具体的にどこかを、ほかの史料から探ろう。

公家の山科言経の日記(『言経卿記』)同年六月一七日条に、「日向守内斉藤 蔵(内蔵) 助、

**信長の「天下布武」の印章** 原寸大。信長は同じ印章を朱印・黒印の両方で使用した。信長の印章には同じ文字を刻んだ楕円印・丸印のものもある。

今度謀反随一也、堅田ニ牢籠、則尋出、京洛中車ニテ被渡、於六条川原ニテ被誅了（日向守〈明智光秀〉内斉藤蔵助〈利三〉、今度の謀反随一なり、堅田に牢籠、すなわち尋ね出し、京洛中車にて渡され、六条川原において誅せられ了んぬ）」とある。

そこには、明智光秀の家臣である斉藤内蔵助は、今度の謀反の随一である。近江堅田に身をかくしていたところ、尋ね出され、京洛中を車で引き回され、六条川原において誅された、とみえる。

この記事から、斎藤利三が車に乗せ引き回され、首を刎ねられたのは京都であることが確認でき、この秀吉書状にみえる「天下」は京都ということになる。

## 正親町天皇の「天下」

四つ目は、同じ天正一〇年の一〇月三日に、羽柴秀吉に昇殿と少将叙爵を伝えた正親町天皇の綸旨である。

**史料3**　「**竹内文平氏所蔵文書**」『**大日本史料**』一一編二

去六月二日、信長父子上洛之処、明智日向守企逆意討果、殊ニ条之御所中へ乱入事、前代未聞狼藉無是非次第候、然処、秀吉為西国成敗、備中国城々取巻、西戎与雖対陣候、即時任存分、不移時日馳上、明智一類悉追伐、天下太平申付之段、誠古今希有之武勇如之哉、因茲官位之儀、度々雖被仰出辞退候、為後代之候条、昇殿幷叙爵、少将之儀、所被仰下候也、仍執達如件、

天正十年拾月三日　左中将(中山慶親)（花押）

羽柴筑前守(秀吉)殿

【読み下し文】

去る六月二日、信長父子上洛のところ、明智日向守（光秀）逆意を企て討ち果たし、殊に二条の御所中へ乱入のこと、前代未聞の狼藉、是非なき次第に候、然るところ、秀吉西国成敗のため、備中国の城々取り巻き、西戎（毛利氏）と対陣候といえども、即時存分に任せ、時日を移さず馳せ上り、明智一類ことごとく追伐、天下太平申し付くるの段、まことに古今希有の武勇かくのごとき哉、これにより官位の儀、たびたび仰せ出さるといえども辞退候、後代のために候条、昇殿ならびに叙爵、少将の儀、仰せ下され候ところ也、仍て執達件のごとし、

綸旨は、天皇の意志を伝える文書のひとつである。また、「二条之御所」は、もと信長が築い

た二条城で、天正三年一一月に誠仁(さねひと)親王に進献され、その後、上京にある正親町天皇の御所を「上の御所」といったのに対して、「下の御所」と言われた。

この綸旨の本旨は、秀吉に昇殿を許可し少将に任ずる意向を伝えたものであるが、その理由を、本能寺の変で信長父子が明智光秀の逆意によって討ち果たされ、さらに誠仁親王の御所である二条御所に光秀が乱入したことは前代未聞の狼藉であると非難したうえで、秀吉が「西国成敗」のために備中の城々を取り巻き「西戎」（毛利氏）と対陣していたにもかかわらず、即刻馳せ上り、明智一類をことごとく「追伐」し、「天下太平」を申し付けたのは「古今希有之武勇」である、と述べている。

ここでは、天皇が、秀吉と「西戎」（毛利氏）との対峙(たいじ)という状況を認識しつつ、「天下太平」が実現したというときの「天下」は、日本全土とすることはできず、「太平」となった京都を中心とする、広く見ても畿内ということになる。

## 宣教師の史料にみえる「天下」

### 一五八二年イエズス会日本報告集の「天下」

国内の史料以外にも、「天下」が京都あるいは畿内近国であることを示す史料がある。ひとつめは、当時日本に滞在していた宣教師の年報、一五八二年一一月五日付のルイス・フロイスの書翰である。

**史料4『十六・七世紀イエズス会日本報告集』Ⅲ六、一一九頁**

彼（織田信長）は尾張と称する国の半ばを領有していたに過ぎなかったが、策略と武勇により日本全土の国王である内裏に次ぐ人物の公方（足利義昭）様に都を治めさせ、また、戦さにおいては恐れを知らず、気質は寛大で策略に長け、生来の智慮を備えているので絶えず日本人の心を掴み、後には公方さえも都から放逐して日本の君主国、すなわち天下と称する近隣諸国の征服に乗り出した。

ここでは、織田信長が尾張半国の領主から、公方足利義昭をして都を治めさせ、ついで公方を放逐して、日本の君主国「天下」と称する「近隣諸国」の征服に乗り出したとあり、ここでの「天下」は日本全土ではなく「近隣諸国」となる。

## 一五八四年イエズス会日本報告集の「天下」

二つめも、一五八四年一月二日付ルイス・フロイスの書翰である。

**史料5『十六・七世紀イエズス会日本報告集』Ⅲ六、二〇五頁**

信長の死後、日本で生じた戦さと諸事の情況、ならびに天下、すなわち都に隣接する諸国からなる君主国の支配と政治を誰が手にしたかを記してある。

文中に「天下、すなわち都に隣接する諸国からなる君主国」とあり、ここでも「天下」は「都に隣接する諸国からなる君主国」で、日本全国を意味していない。

三つめは、一五八九年二月二四日付ガスパル・コエリョの書簡である。

**史料6『十六・七世紀イエズス会日本報告集』Ⅰ、八八頁**（ただし、この部分の訳は神田千里氏の論文から引用した）

それ以後、内裏は日本の統率権を剥奪され、今は館と呼ばれる諸々の諸侯がおのおの抑える土地を占領している。統率権の大部分は、特に都の周辺に位置する五畿内なる五つの領国を占領した武将と領主の手に帰するのが常である。内裏は絶えず日本の普遍的君主としての栄誉と名声に飾られていたけれども、現実はこの時期に何らの指揮権も権力も有してはおらず、天下の主である連中から与えられるもので、みすぼらしく貧しくその身を養っていたにすぎない。天下とは日本の君主国のことであり、都および周辺の国々の支配権を持つ者もそう称する。

このように、秀吉の段階になっても、「天下」は地理的、空間的には、依然として日本全土ではなく、京都あるいは京都を核とする畿内の意で使用されている。

## 秀吉は日本全土をどう呼んだか

### 「日本治」

では、秀吉は、日本全土をどのように表現していたのか。意外と素直に「日本」「日本六十余州」と表現している。「天下」をもって日本全土を表す例は、あいまいなものを除くと、ほとんどみられない。

いくつか例をあげておこう。天正一一年（一五八三）五月、秀吉が柴田勝家滅亡の経緯をくわしく小早川隆景に報じた一七か条の書状の第一六条に、

**史料7　「毛利文書」『豊臣秀吉文書集』七〇四号**

一東国者氏政、北国ハ景勝まて、筑前任覚悟候、毛利右馬頭殿秀吉存分次第ニ被成御覚悟候へハ、日本治、頼朝以来これニハ争か可増候哉、能々御異見専用候、七月前ニ御存分於在之者、不被置御心、可被仰越候、八幡大菩薩、秀吉存分候者、弥互可申承候事、

**【読み下し文】**

一つ、東国は氏政(北条)、北国は景勝(上杉)まで、筑前(羽柴秀吉)覚悟に任せ候、毛利右馬頭(輝元)殿秀吉存分次第に御覚悟なされ候へば、日本の治り、頼朝(源)以来これにはいかでか増すべく候哉、よくよく御異見専用に候、七月前に御存分これあるにおいては、御心置かれず、仰せ越さるべく候、八幡大菩薩、秀吉存分に候はば、いよいよ互いに申し承るべく候こと、

とある。この書状は、賤ケ岳の戦いから勝家が北庄で自刃するまでの経過を述べるとともに、最終的には秀吉が毛利氏に服属を求めたものである。ここでは「東国」「北国」そして毛利氏の西国を含め「日本の治まり」と述べ「天下の治まり」とは言っていない。

## 「日本六十余州」

また、天正一五年の島津攻めの直後、島津義久に帰属を許した秀吉の直書の冒頭には、「日本六十余州の儀」とみえる。

**史料8「島津文書」『豊臣秀吉文書集』二二八三号**

日本六十余州之儀、改可進止之旨、被　仰出之条、不残申付候、然而九州国分儀、去年相計処、背御下知、依猥所行、為御誅罰、今度関白殿至薩州被成御動座、既可被討果刻、義久捨一命走入間、御赦免候、然上、薩摩一国被宛行訖、全令領知、自今以後、相守叡慮、可抽忠功事専一候也、

天正十五年五月九日　（花押）（秀吉）
嶋津修理大夫（義久）とのへ

【読み下し文】

日本六十余州の儀、改め進止（しんし）すべきのむね、仰せ出さるの条、残らず申し付け候、しかして九州国分の儀、去年相計らうところ、御下知に背き、猥（みだ）りの所行により、御誅罰のため、今度関白殿（秀吉）薩摩に至り御動座（どうざ）なされ、既に討ち果たさるべきとき、義久（島津）一命を捨て走り入るあいだ、御赦免候、然（しか）るうえは、薩摩一国宛行われおわんぬ、まったく領知せしめ、自今以後（じこんいご）、叡慮を相守り、忠功を抽（ぬ）きんずべきこと専一に候なり、

さらに、天正一八年の小田原攻め、それに次ぐ奥羽仕置の最中に秀吉が出した五か条の仕置令の冒頭に、

**史料9「大阪歴史博物館」『豊臣秀吉文書集』三三七八号**

定

一日本六十余州在之百姓、刀・脇指・弓・鑓・鉄砲、一切武具類持候事御停止ニ付而、悉被召上候、然者今度出羽・奥州両国之儀、同前ニ被仰付候条、自今以後自然所持候百姓於在之者、其もの〻事ハ不及申、其郷共ニ可為同罪事、

**【読み下し文】**

一つ、日本六十余州にこれある百姓、刀・脇指(わきざし)・弓・鑓(やり)・鉄砲一切の武具類持ち候こと御停止(ちょうじ)について、ことごとく召し上げられ候、然(しか)らば今度出羽・奥州両国の儀同前に仰せ付けられ候条、自今以後、自然(万一)所持候百姓これあるにおいては、そのもののことは申すに及ばず、その郷ともに同罪たるべきこと、

とある。この条は、出羽・奥羽でも、他の地域同様、百姓に刀・脇指・弓・鑓・鉄炮など一切の武具の所持を禁じ、それらを召し上げるとするものであるが、ここでも「天下」ではなく「日本六十余州」といっている。

それでは、私たちがふつう使用している日本全土、全国を意味する「天下」は、いつごろから

使われるようになるのだろうか。信長の時代も秀吉の時代にも、祈祷などにおいて使われる「天下太平」「天下安全」などの「天下」は日本全土とも解されるが、それが日本全土を指すものと確定することはなかなかむずかしいと思う。

## 日本全土を指す「天下」へ

### 「天下」の変容

秀吉の時代も半ばを過ぎると、徐々に「天下」が日本全土を覆う言葉へと変化していく。まず、最初の事例は、天正一六年（一五八八）八月一二日、薩摩の島津義久が琉球の中山王(ちゅうざんおう)に宛てた書状で、

**史料10　「島津家文書」東京大学史料編纂所蔵**

京都弥静謐故、不残東西一国、偃御下知、天下一統御威晃、更不覃禿筆、

**【読み下し文】**

京都いよいよ静謐ゆえ、東西一国残さず、御下知に偃(ふ)し、天下一統御威光、さらに禿筆(かぶろふで)に及ばず、

と述べたときの「天下」は、日本全土を指す語として使用されている。

なお文末の「禿筆」は「かぶろふで」と読み、穂先の擦り切れた筆、ちびた筆のことで、自分の文章や筆力を謙遜した表現である。

つぎは、秀吉のそば近くに仕え、しばしば大名との取次の役を果たした施薬院全宗が伊達政宗の重臣片倉景綱に宛てた天正一七年七月二二日の書状に、

**史料11　『伊達家文書』四二八号**

今度於会津被及一戦、被属御本意趣、以飛脚被仰上候、蘆名方事、連々御礼申上、御存知之仁ニ候、以私之儀、被打果候段、御機色不可然候、以天気、一天下之儀被仰付、被任関白職之上者、相替前々、不被経京儀候者、可為御越度候条、(下略)

**【読み下し文】**

今度会津において一戦に及ばれ、御本意に属さるる趣、飛脚をもって仰せ上げられ候、蘆名方こと、連々御礼申し上げ、御存知の仁に候、私の儀をもって、討ち果たされ候段、御機色しかるべからず候、天気(天皇の意向)をもって一天下の儀仰せ付けられ、関白職に任ぜらるの上は、前々と相替わり、京儀を経られず候儀は、御越度たるべく候条、

とある。内容は、伊達政宗が会津の蘆名氏との戦いで勝利したことを秀吉の元に報じてきたのに対し、施薬院全宗は、蘆名氏は、連々秀吉に御礼を申し上げており、秀吉「御存知之仁」である、私の儀でもって討ち果たされたことについては、秀吉の気色が良くない、天皇の意向で「一天下」のことを命じられ、関白職に就いた以上は、以前とは替わり、京都での判断（秀吉の意向）を経ないことは落ち度である、というものである。ここにみえる「一天下」は日本全土を含意していよう。

また天正一七年一一月二四日、小田原攻めの直前に秀吉が北条氏直を糾弾した秀吉朱印状の最終条に、次のようにある。

**史料12『伊達家文書』四五二号**

然処、氏直背天道之正理、対帝都企奸謀、何不蒙天罰哉、古諺云、巧訴(詐)不如拙誠、所詮普天下逆勅命輩、早不可不加誅伐、来歳必携節旄令進発、可刎氏直首、不可廻踵者也、

**【読み下し文】**

然るところ、氏直(北条)天道の正理に背き、帝都に対し奸謀を企て、なんぞ天罰を蒙らざらん哉、古諺に云う、巧詐は拙誠にしかず、所詮普く天下、勅命に逆らう輩、早く誅伐

を加えざるべからず、来歳必ず節旄を携え進発せしめ、氏直の首を刎ぬべし、踵を廻すべからざるものなり、

文中の「巧訴(詐)不如拙誠」は、中国戦国時代の思想家である韓非の著作『韓非子』にみえる言葉で、「巧みにごまかしたものは、つたなくても誠意あるものには及ばない」との意、また「節旄」は中国で天子から任命のしるしとして征将・使節に与えられた旗のことをいう。さらに「普天下」は「普く天が下」の意で、「普く」を付けることで日本全土をさす語として使われているといってよいと思う。ただ、ここの文章は「古諺」として書かれたものである。

さらに、翌年四月、小田原城を取り囲むなか、四月一三日付で秀吉が「五さ」宛に書き送った自筆消息で、

**史料13**　「高台寺文書」『豊臣秀吉文書集』三〇二九号

返々、はやくてきをとりかこへいれ候ておき候間、あふなき事ハこれなく候まゝ、心やすく候へく候、わかきミこいしく候へとも、ゆく〳〵のため、又ハてんかおたやかに申つく可候と存候へ者、こいしき事もおもいきり候まゝ、心やすく候へく候、

（中略）

ことにはんとう八こくの物ともこもり候間、小たわらをひころしニいたし候へ者、大しゆまてひまあき候間、まんそく申ニおよはす候、二ほん三ふん一ほと候まゝ、このときかたくとしをとり候ても申つけ、ゆく〳〵までも、てんかの御ためよきようニいたし候ハんまゝ、このたひてからのほとをふるい、なかちんをいたし、ひやうろ又ハきん〳〵をも出し、のちさきなののこり候やうニい（た脱カ）し候て、かいちん可申候間、其心ゑあるへく候、

【読み下し文】

返す返す、早々敵を鳥籠へ入れ候て置き候あいだ、危なきことはこれなく候まゝ、心安く候べく候、若君恋しく候へとも、ゆくゆくのため、または天下穏やかに申し付くべく候と存じ候へば、恋しきことも思い切り候まゝ、心安く候べく候、

（中略）

ことに坂東八国の者ども籠り候あいだ、小田原を干殺しにいたし候へば、奥州まで暇明き候あいだ、満足申すに及ばず候、日本の三分一ほと候まゝ、このとき、堅く歳をとり候ても申し付け、ゆくゆくまでも、天下の御ためよきようにいたし候わんまゝ、このたび手柄のほどをふるい、長陣をいたし、兵糧または金銀をも出し、後前、名の残り候ようにいた

し候て、帰陣申すべく候あいだ、その心得あるべく候、

と記したときの「天下」は、日本全土と解せるが、「てんかおたやか」が「天下静謐」と同意であること、さらに秀吉政権前半には「天下静謐」の「天下」は京都ないし京都を中心とした畿内を意味していたことを踏まえるならば、ここも同様の脈絡で読むこともでき、日本全土としきれないところが残る。

## 「天下」＝日本全土

一六〇三年にイエズス会宣教師によって編纂された『日葡辞書（にっぽじしょ）』というポルトガル語辞典が刊行されるが、「天下」という語を引くと、

「天下」、「Tenca テンカ（天下）Amega xita（天が下）　君主の権　または国家」

と記され、もはやそこには、フロイスがいった「都に隣接する諸国からなる君主国」の意は姿を消している。

また、公家の山科言緒の日記、慶長二〇年（一六一五）閏六月二一日条に、

**史料14『言緒卿記』**

一大樹御参内也、御装束施薬院ニテ被成、衣文ニ冷泉中納言為満・予両人参、天下諸大明(名)御供也、

**【読み下し文】**

一つ、大樹（徳川秀忠）御参内なり、御装束施薬院にて成され、衣文（装束着用の有職）に冷泉中納言為満・予（山科言緒）両人参る、天下の諸大名御供なり、

とある。ここでの「天下」は、全体の文意からして日本全土の意で使われている。

また豊前小倉藩主細川忠利が、長岡式部少輔に宛て、同年閏六月の一国一城令による城割りについて、「尚々、木付なともわり被申候哉、天下の事ニ候間、無是非事ニ候（なおなお木付〈杵築城〉なとも割り申され候や、天下のことに候あいだ、是非なきことに候）」（「松井家譜」）というときの「天下」は、京都・畿内に限定された「天下」ではなく日本全土を指すものとして使われている。

さらに、元和九年（一六二三）、家光が将軍となった直後に、三河吉田藩主松平忠利がその日記の同年一〇月一日条に、

**史料15**　「忠利日記」『豊橋市史』第六巻

廿五日ニ、吉日ニて天下将軍様へ御わたし、金十五万枚被遣候由申来候、

**【読み下し文】**

二五日に、吉日にて天下を将軍様(家光)へお渡し、金十五万枚遣わされ候由申し来たり候、

と、秀忠から家光へ「天下」が渡されたことを記しているが、この「天下」も日本全土が念頭におかれているといってよいと思う。

以上述べてきたように、日本全土を意味する語としての「天下」は、秀吉の後半ころから除々に使われはじめ、江戸時代初期には、日本全土を意味するものとなり、京都あるいは畿内の意で用いられることはなくなる。

## 「天下」にかかわる略年表

| 和暦 | 西暦 | 事項 |
|---|---|---|
| 永禄九 | 一五六六 | 五月九日　上杉輝虎、願文で「**天下**江令上洛」という。 |
| 一〇 | 一五六七 | 八月一五日　信長、斎藤龍興を滅ぼし、「**天下布武**」の印章を使用しはじめる。 |
| 一一 | 一五六八 | 九月二六日　信長、義昭を奉じて入京。一〇月一八日　義昭に将軍宣下。 |
| 天正元 | 一五七三 | 四月一二日　信玄没。七月一八日 室町幕府滅亡。七月二八日 天正と改元。 |
| 五 | 一五七七 | 閏七月六日　信長、京都屋敷に入る。 |
| 七 | 一五七九 | 五月一一日　信長、安土城天守に移る。 |
| 八 | 一五八〇 | 四月九日　本願寺の顕如、石山を退去。 |
| 一〇 | 一五八二 | 三月一一日　武田氏滅亡。　五月一九日　長景連の書状に「**天下一統**之御代」とみえる。<br>六月二日　本能寺の変、信長死去。　六月一三日　山崎の戦い。　六月一九日　羽柴秀吉書状に「於**天下**車ニ乗わたし」とみえる。　一〇月三日　正親町天皇綸旨に「**天下太平**」とみえる。<br>一一月五日　フロイスの書翰に「**天下**と称する近隣諸国」とみえる |
| 一一 | 一五八三 | 四月二一日　賤ヶ岳の戦い。　四月二四日　柴田勝家自害。 |
| 一二 | 一五八四 | 一月二日　フロイスの書翰に「**天下**、すなわち都に隣接する諸国からなる君主国」とみえる。<br>三月六日　小牧・長久手の戦いはじまる。 |
| 一三 | 一五八五 | 七月一一日　秀吉関白任官。 |
| 一四 | 一五八六 | 一一月七日　正親町天皇譲位。　一一月二五日　後陽成天皇即位。 |
| 一五 | 一五八七 | 三月一日　秀吉、九州攻めに大坂発。 |
| 一六 | 一五八八 | 四月一四日　後陽成天皇、聚楽第行幸。　七月八日　刀狩令・海賊停止令。<br>八月一二日　中山王宛島津義久書状に「**天下一統**御威晃」とみえる。 |

| | | |
|---|---|---|
| 一七 | 一五八九 | 二月二四日　ガスパル・コエリョ書簡に「**天下**とは日本の君主国のこと」とみえる。 |
| | | 七月二二日　施薬院全宗書状に「**一天下**之儀」とみえる。 |
| | | 一一月二四日　秀吉朱印状に「所詮普**天下**逆勅命輩」とみえる。 |
| 一八 | 一五九〇 | 四月一三日　秀吉自筆書状に「**てんか**（天下）おた（穏）やかに」とみえる。 |
| | | 七月五日　北条氏直降伏。 |
| 一九 | 一五九一 | 八月二一日　身分法令発布。一二月二八日　秀次、関白任官。 |
| 文禄元 | 一五九二 | 一月五日　秀吉、文禄の役。　三月二六日　秀吉、肥前名護屋にむけ京都を出陣。 |
| 二 | 一五九三 | 一月七日　明軍、朝鮮軍とともに平壌を攻撃、日本軍平壌放棄。 |
| | | 八月三日　秀頼誕生。 |
| 四 | 一五九五 | 七月三日　秀吉、秀次から関白職を奪う。　七月一五日　秀次自刃。 |
| 慶長元 | 一五九六 | 閏七月一三日　畿内大地震。　九月一日　秀吉、大坂城で明皇帝の冊封文を受け取る。 |
| 二 | 一五九七 | 六月～　慶長の役。　八月二八日　足利義昭没。 |
| 三 | 一五九八 | 一月四日　蔚山城の戦い。　三月一五日　醍醐の花見。　八月一八日　秀吉没。 |
| 四 | 一五九九 | 閏三月一三日　家康、伏見城西丸に入る。　九月二八日　家康、大坂城西丸に入る。 |
| 五 | 一六〇〇 | 九月一五日　関ヶ原の合戦。　九月二七日　家康、大坂城西の丸に入る。 |
| 八 | 一六〇三 | 二月一二日　家康、将軍となる。この年、『日葡辞書』に「**天下**」は「君主の権または国家」とみえる。 |
| 元和元 | 一六一五 | 五月五日　大坂夏の陣。　閏六月一三日　一国一城令。 |
| | | 閏六月二一日　『言緒卿記』に「**天下**諸大名御供」とみえる |
| | | 七月一二日。　細川忠利書状に「**天下**の事ニ候」とみえる。 |
| 九 | 一六二三 | 一〇月一日　「忠利日記」に「**天下**将軍様へ御わたし」とみえる。 |

## おわりに

秀吉より以前の「天下」を京都あるいは京都を核とした畿内と捉えるとき、信長の印章に刻まれた「天下布武」の意味も再考を迫られると思う。

「天下布武」の印文を持つ織田信長の印章は、信長の天下一統への意志を表明したものとして、多くの教科書が記述している。たとえば、高等学校の教科書でもっとも採用数の多い山川出版社の『詳説　日本史』では、

> 一五六七年（永禄一〇）に美濃の斉藤氏を滅ぼして岐阜城に移ると、「天下布武」の印判を使用して天下を武力によって治める意志を明らかにした

と書かれている。

信長が、この印章を使いはじめるのは、永禄一〇年八月に美濃の斎藤氏を攻め滅ばした直後のことである。「天下布武」は、「天下に武を布く」の意であるが、当時の「天下」が京都あるいは京都を核とする畿内の意であったことを踏まえると、「天下布武」の意は、信長が京都あるいは

京都を核とした畿内に武を布くということになる。とすれば、この「天下布武」の印章の使用をもって、これまで言われてきたような信長の「天下統一」の強い意志の発現とはいえないことになる。

いいかえれば、信長は足利義昭を奉じて入洛し、京都を中心とした地域を武をもって鎮めることを表明したにすぎなくなり、少し前、室町幕府を支えた三好長慶とそれほど大きな差違はないことになる。

とすれば、織田政権成立の画期を、信長入京より少し後にずらすことも考えなければならないかとも思う。

また、秀吉も、全国を統一する以前に「天下太平」という言葉をたびたび使っているが、これも「天下」を京都あるいは畿内ととらえたとき、秀吉の大言壮語ということにはならないであろう。

**【参考文献】**

・高木傭太郎「織田政権期における「天下」について」『院生論集』〈名古屋大学大学院文学研究科〉九、一九八〇年。藤木久志編『織田政権の研究』吉川弘文館、一九八五年に収録。
・神田千里「中世末の「天下」について」『武田氏研究』四二、二〇一〇年
・池上裕子『織田信長』吉川弘文館、二〇一二年
・神田千里『織田信長』ちくま新書、筑摩書房、二〇一四年
・藤井讓治『戦国乱世から泰平の世へ』岩波新書、二〇一五年

第二講

# 秀吉の関白任官をめぐる政治ドラマ

## はじめに

天正一三年（一五八五）七月一一日、秀吉は朝廷から関白に任じられる。秀吉は、天正一〇年一〇月、正親町天皇から「少将」に推任するとの意向を示されるが、そのときには受けなかった。この叙任については、後年さかのぼって天正一〇年一〇月三日付の口宣案が出された。そこでの官位は、従五位下左近衛権少将であった。

実際に叙任したのは、織田信雄・徳川家康との戦い（小牧長久手の戦い）が終盤を迎えた一〇月はじめに「五位ノ少将」に叙任したときが最初である。この叙任の背景には、正親町天皇の譲位と誠仁親王の即位にかかる費用一万貫の拠出を秀吉が約束したことがあった。

この直後に秀吉は、北伊勢に侵攻し、一一月一五日、織田信雄とのあいだで戦いを秀吉優位に決着させた。こうした状況を読んだのか、正親町天皇は、同月二一日、秀吉を従三位権大納言に叙任する。素早い対応である。ついで翌年三月一〇日、秀吉は正二位内大臣に昇進する。こうしたなか同年五月、左大臣近衛信輔と関白二条昭実とのあいだで関白職をめぐって争論が起こり、その処理が秀吉のところに持ち込まれた。この機会を捉え、秀吉は関白任官を勝ち取る。

この講では、秀吉関白任官にいたるまでの政治過程をみていくことにする。

# 関白任官以前の秀吉と朝廷

## 本能寺の変

天正一〇年（一五八二）六月二日未明、織田信長は、家臣の明智光秀に攻められ、本能寺において自刃した。いわゆる本能寺の変である。

六日、正親町天皇は、明智光秀と近しい従三位吉田兼見を召して、安土に赴いた光秀のもとへ勅使として下るよう命じた。用件は、「京都之義無別義之様、堅可申付之旨仰（京都の儀別義なきのよう、堅く申しつくべきの旨仰せ）」（『兼見卿記』別本同日条）、すなわち京都が安穏であるよう、光秀から申し付けるようにとの正親町天皇の仰せを伝えることにあった。この正親町天皇の要請は、京都を掌握したものに禁裏の安穏を求めるという、かつて足利義昭・織田信長が入京したときや、信長の上京焼き討ちのときにみせた対応とまったく同じである。

兼見は、七日に京都を発ち、八日には安土より帰京する。安土での光秀は、兼見に対し勅使を派遣されたことを「かたじけない」と述べるとともに、誠仁親王が二条御所から逃れられたことは「祝着」であったと申し入れ、さらに上洛して「御礼」を申しあげると、兼見に言づけた（『兼見卿記』）。

六月九日には、摂家・清華を含めた公家衆、上下京の町人たちが京都郊外の白川・神楽岡に出て上洛してきた光秀を出迎える。上洛した光秀は、兼見をとおして、正親町天皇と誠仁親王に銀子五〇〇枚ずつを献上した。天皇への披露は、伝奏であった勧修寺晴豊がおこなった。天皇は「京都之儀かたく申付候由」を命じ、銀子進献の礼として、女房奉書（天皇の仰せを側近の女官が奉じて出す奉書）を出し、鳥羽に陣所を置いていた光秀のもとに兼見を派遣した（「日々記」『兼見卿記』）。正親町天皇は、京都ひいては禁裏の安穏を重ねて光秀に求めたのである。

## 天正一〇年六月一三日、山崎の合戦

六月三日、備中松山で光秀の「謀反」の報を手にした羽柴秀吉は、毛利との講和をまとめ、六日には陣を払い、いったん姫路に戻った。そして出陣の態勢を整え、九日に姫路を発ち、一一日には摂津尼崎に着陣する。その間、大坂にいた神戸信孝・丹羽長秀、伊丹の池田恒興、摂津の中川清秀・高山右近らに参陣を誘い、一二日には摂津富田へと進み、そこで丹羽らと軍議をもった。

一三日の夕刻、秀吉と光秀との間で合戦がはじまるが、戦闘は二時間たらずで終わりを遂げ、明智軍は敗退し、光秀は山城西岡の勝龍寺城に逃げ入るが、夜陰にまぎれてそこを脱出、近江坂本城へと向かった。しかし、途中、山科盆地の小栗栖で百姓の鎗を受けて傷をおい、家臣の介錯で自刃した。

明智軍敗退の報が京都に伝わるや、「京中さくらん中〳〵申はかりな」き状態に陥るが、翌一四日には、正親町天皇は、織田信孝・羽柴秀吉が上洛するとの報を得ると、すぐさま勧修寺晴豊を勅使として両人のもとに送るとともに、太刀を二人に贈った。また誠仁親王も広橋兼勝を使いとし、両人に太刀を贈った（「日々記」）。

勧修寺晴豊らは京都の南の塔森まで出向き、そこで信孝・秀吉を待ち、その地で馬からおりた両人に、正親町天皇・誠仁親王からの太刀を手渡した。これに対し両人は、「一段はやくとかたじけなき由」を申した。その場には、勅使だけでなく出迎えの多くの公家衆がいた（「日々記」）。

京都を掌握した者に、ここでは光秀ついで信孝・秀吉に、かつて義昭・信長が入京したときと同様、素早く擦り寄る天皇の姿をみることができる。

## 信長の百日忌

九月九日、秀吉は正親町天皇に、信長の百日忌を執行するための寺院を勅定をもって選定するよう求めた。そのとき秀吉が出したのが、次にあげる書状である。

**史料1「馬越恭一氏所蔵文書」『豊臣秀吉文書集』四八三号**

態申上候、信長殿仏事之儀、御次仕度候由候条、尤存候間、則可申付候、然者何之寺にて成共、従　禁裏様被仰出次第ニ可申付候間、被得　勅定候而可被下候、恐惶謹言、

（天正一〇年）九月九日　秀吉（花押）

（晴豊）勧修寺殿

参　人々御中

【読み下し文】

わざと申し上げ候、信長(織田)殿御仏事の儀、御次(おつぎ)(羽柴秀勝)仕りたく候よし候条、尤(もっと)もと存じ候あいだ、則ち申し付くべく候、しからば何の寺にてなるとも、禁裏(正親町天皇)様より仰せ出され次第に申し付くべく候あいだ、勅定(ちょくじょう)を得られ候て下さるべく候、恐(きょう)惶謹言(こうきんげん)、

この時代には、差出人と受取人との身分差によって書状の礼式が大きく異なる。両者がほぼ対等なときには、書止め文言は「恐々謹言」、相手が上位のときには「恐惶謹言」、また相手が下位のときには書き止め文言は「恐々謹言」から「謹言」「也」、宛名の「殿」の文字が楷書から行書・

草書さらには平仮名で「とのへ」と書かれる。また本来届けたい相手が、格段に高い地位にあるときには、その人物を直接宛名とすることは許されず、その人物に依頼あるいは披露してくれるよう頼む形式をとる。

この秀吉書状も、正親町天皇に勅定を出すよう求めたものだが、宛名は、正親町天皇の側近くに仕えた勧修寺晴豊であり、晴豊に勅定を得てくれるよう依頼する形をとっている。

この書状の内容は、「信長殿御仏事」すなわち信長の百日忌の法会を信長の第四子で当時は秀吉の養子となっていた秀勝が執行したいと希望しており、それももっともと思うので申し付けることにした、ついては、どの寺で執行すべきか「禁裏様」正親町天皇よりの仰せ次第に申し付けたいので、「勅定」をいただきたい、というものである。この件は、秀吉が朝廷に接近を試みた最初であろうと思われる。

確認はできないが、おそらくほどなく「勅定」が出て、それに従い九月一二日に大徳寺で信長百日忌の法会が執行された。ついで、一〇月一五日、秀吉は、信長の葬儀を大徳寺で執行した。

## 御料所回復の要請

こうした秀吉からの働きかけに対し、九月一四日、正親町天皇は、御料所丹波国山国庄の回復を秀吉に綸旨(りんじ)をもって求めた。

**史料2　「立入文書」『大日本史料』一一編二**

御料所丹波国山国庄(枝郷所々)幷細川等事、宇津右近大夫依致押領、先年被遂糺明、御直務之朱印如斯候、此時如先規被申付者、可被思召神妙之由、天気所候也、仍執達如件、

天正十年九月十四日　左中将慶親(中山)

羽柴筑前守殿(秀吉)

【読み下し文】

御料所丹波国山国庄(枝郷所々)ならびに細川等のこと、宇津右近大夫(うつうこんのたいふ)押領(おうりょう)いたすにより、先年糺明(きゅうめい)を遂げられ、御直務(じきむ)の朱印かくのごとくに候、このとき先規のごとく申し付けられれば、神妙に思し召さるべきのよし、天気候所なり、よって執達件(しったつくだん)のごとし、

文中の「天気」は、天皇の意志・意向のことで、この綸旨は、差出の「左中弁慶親(よしちか)」中山慶親が天皇の意向を奉じて出されたものである。内容は、禁裏御料所である丹波国山国庄などについて、宇津右近大夫が押領している、この所領については先年織田信長によって糺明がなされ、御

直務とするよしの朱印が出ている、今回も先規どおり申し付けられれば神妙に思うとの正親町天皇の意向であるので、それを伝える、というものである。

信長の時代と同様、正親町天皇は、この綸旨を発することによって、新たに京都を押さえ力をつけてきた秀吉に、領地の確保を求めたのである。

こうした要求をすると同時に、正親町天皇は、一〇月三日、秀吉を少将に推任する（「武内文平氏所蔵文書」）。一般に武家は、まず従五位下に叙爵し筑前守などの官職に任じられ、そのうえで順次、位階をあげ官職もより上位のものへと進んでいく。

当時無位無官であった秀吉を、正親町天皇は、諸大夫・侍従を飛び越えて少将に任じる意向を示し、秀吉の歓心を買おうとしたといえよう。しかし、秀吉は、それを受けなかった。

一方で、秀吉は、一二月六日、天皇へ供御を進献し、公家・門跡領を安堵し、朝廷に擦り寄る姿勢を示した。

## 賤ケ岳の戦いの戦勝祝い

天正一一年四月二一日、賤ケ岳の戦いで柴田勝家を破った秀吉は、そのまま越前北庄にまで攻め入り、北庄城を攻め落とし、勝家を自刃に追いやり、さらに加賀金沢に入り、その地の仕置を申し付け、そこで馬を返し、五月五日に長浜に戻り、六月一日には上洛した。

賤ヶ岳の戦いで秀吉が勝利したとの報を得てと思われるが、正親町天皇は、四月二三日ころ、秀吉へ戦勝を祝う勅使を送ろうとする。しかし、勅使に予定したものが「故障」で延び延びとなり、五月二日になって勅使に吉田兼見を命じ、越前の秀吉のもとに行くよう指示した。勅使を命じられた吉田兼見は、五日に京都を発ち、越前へと向かうが、その口、近江守山で、秀吉が長浜に凱旋しそこに滞在しているとの報を得て、六日長浜に行き、翌七日、城で秀吉に面謁し、正親町天皇からの太刀、誠仁親王からの薫衣香五〇袋を秀吉に渡した（『兼見卿記』）。秀吉は、それを畏り頂戴し、次のような礼状を出した。

**史料3　「滋賀県立安土城考古博物館蔵文書」『豊臣秀吉文書集』六九九号**

従　禁裏様為　御勅使吉田左衛門督殿御下向、誠面目之至、忝奉存候、随而御菓子一折被懸御意候、御懇之至難申謝候、将亦北国表儀平均申付、一昨日至江州長浜打入申候、近日可致上洛候之条、其節可得御意候、恐惶謹言、

（天正一一年）五月七日　　秀吉（花押）

（晴豊）勧修寺殿

人々御中　御報

【読み下し文】

禁裏様より御勅使として吉田左衛門督(兼見)殿御下向、まことに面目の至り、忝なく存じ奉り候、随って御菓子一折御意にかけられ候、御懇の至り申し謝しがたく候、はたまた北国表儀平均申し付け、一昨日江州長浜に至り打ち入り申し候、近日上洛いたすべく候の条、その節御意を得べく候、恐惶謹言、

内容は、禁裏様すなわち正親町天皇より勅使として吉田兼見殿が長浜まで「御下向」になった、まことに名誉の極みでありかたじけなく思う、また「御菓子一折」を贈られ、御懇のいたりであり申し謝しがたい、北国表を平定し、一昨日近江長浜に打ち入った、近日中に上洛するので、その折に御意を得たく思う、というものである。

その後兼見は、秀吉と雑談し、賤ヶ岳の戦い、越前・加賀での仕置のようすを秀吉から聞かされ、さらに夕食を振る舞われた。この間、秀吉は上機嫌であった。兼見は、七日遅く長浜を発ち、八日に京都に戻り、九日、参内して秀吉からの返事を正親町天皇と誠仁親王に申し入れたところ、正親町天皇から、秀吉との雑談について聞きたいとの仰せがあり、女官を通じて申し入れられた

（『兼見卿記』）。

この勅使派遣は、後になされるようになる秀吉出陣の戦勝祈願の使いではなく、雌雄が決した後に戦勝を祝う使いとして派遣されたことが示すように、権力の行方を見定めつつなされたものであり、秀吉への全幅の信頼をそこにみることはできない。しかし、力をつけつつあった秀吉へ正親町天皇のほうからの接近を示す出来事といってよいだろう。

天正一二年の小牧長久手の戦いが終盤を迎えようとしているなか、一〇月、『顕如上人貝塚御座所日記』同月三日条によれば、秀吉から「昇進」のことが禁裏に申し入れられ、それに応えて正親町天皇は、「四位参議大将」に叙任してはどうかと関白一条内基に「勅問」したとする。また『多聞院日記』同一六日の条には、正親町天皇の「叡慮」として秀吉を「四位ノ大将」に叙任し、かつ「兼将軍ノ官」につけるとの勅定を示したが、秀吉の望みで「五位ノ少将」となったと記している。

この任官は、菊亭晴季・久我久通・勧修寺晴豊を勅使として秀吉に伝えられるが、それを聞いた秀吉は、「一段」の「機嫌」であった（『兼見卿記』『顕如上人貝塚御座所日記』ほか）。

この叙任の背景には、正親町天皇の譲位と誠仁親王の即位とがあった。実際の譲位・即位は天正一四年一一月のことだが、このとき、秀吉は、天正九年に信長が馬揃えを催した禁裏の東の馬場の一角に院御所を建てるべく、天正一二年一〇月四日には縄張りをし、翌五日には「御築地」をつきはじめた。規模は、五〇間四方、周囲を築地で囲い、その外側に三〇間の堀を備えたものであった（『兼見卿記』）。

『顕如上人貝塚御座所日記』は、仙洞御所が東の馬場に建てられるとした記事に続いて、「親王御即位申沙汰アルヘキトナリ」「御即位ニ三千貫、御作事方ニ五千貫、院ノ入目ニ二千貫、都合一万貫御請也」と記している。すなわち秀吉は、即位費用、仙洞御所作事費用、院の費用、合計一万貫の拠出を約束したのである。

正親町天皇は、みずからの譲位にあたっての仙洞御所の造営、誠仁親王の即位の「申沙汰」を約束してくれた秀吉に、その見返りとして官位を与えたのである。

少将任官に応えてのことか、秀吉は、任官直後の同年一〇月一七日付で、御料所分一一か郷を安堵した。

**史料4**　**「妙行寺文書」『豊臣秀吉文書集』**一二三四号

禁裏様御料所分十一ケ郷之内事、増米四百石外、為一職上者、諸職人夫等一切不可有他競望之状、如件、

天正拾弐
十月十七日　　秀吉（花押）
勧修寺殿（晴豊）
広橋殿（兼勝）
休庵（久我通興）

【読み下し文】

禁裏様御料所分十一ケ郷のうちのこと、増米四百石の外、一職（いっしき）たるうえは、諸職人夫など一切他の競望あるべからざるの状、件（くだん）のごとし、

この叙任以降、秀吉はそれまで大半の文書で「筑前守秀吉（花押）」「羽筑秀吉（花押）」と署判していたが、これを期に「秀吉（花押）」「秀吉（朱印）」と署判するようになる。

尾張・美濃・伊勢で断続的につづいた小牧・長久手の戦いは、一〇月下旬に秀吉が北伊勢に侵攻し織田信雄（のぶかつ）に圧力をかけることで講和交渉がはじまり、一一月一五日、信雄と秀吉とのあいだで、信雄・家康から人質を提出することで、秀吉優位の講和が成立した。

## 秀吉の大納言任

一一月二一日に上洛した秀吉を、正親町天皇は、翌二二日、従三位大納言に叙任した。明らかに秀吉優位の信雄・家康との講和をみての叙任である。

大納言任官当日、衣冠姿の前内大臣菊亭晴季・大納言勧修寺晴豊・大納言久我敦通・参議花山院家雅の四人が秀吉の宿所を訪れ、大納言任官を伝えたあと、「本殿」において「三献の儀」が勅使四人と秀吉とのあいだで執り行われた。三献の儀が終わったあと退出する四人の勅使を、秀吉は庭に出て見送った（『兼見卿記』）。庭に出ての見送りは、客の送り出しとしては丁重な作法である。

その後、公家衆は、勧修寺晴豊から秀吉の大納言任官を知らされ、秀吉の宿所に参上するよう触れられたことを受けて、秀吉のもとに礼に出向いた（『兼見卿記』）。

秀吉の大納言任官が、秀吉側から求められたのか、正親町天皇側の推任によるものかを明らかにしえないが、結果からすれば天皇側からのもので、秀吉取り込み策の一環とみてよいと思う。

小牧長久手の戦いのあと、はじめて大坂で秀吉に謁した織田信雄は、天正一三年二月一〇日、大坂より上洛し、頂妙寺を宿所とした。信雄在京中の二月二六日、正親町天皇は、信雄を正三位大納言に叙任した（「光豊卿口宣案之写」）。

この信雄の大納言任官は、秀吉の執奏によるものであった。信雄任官に先立ち、秀吉はみずから当官である大納言を辞し、一時的に散位（位階だけで官職についていないこと）になる。信雄大納言任官の口宣案は、菊亭晴季・勧修寺晴豊・久我季通・中山親綱を勅使として、まず秀吉に披露された。これは前もって秀吉から求められたものであった。

秀吉の宿所では、諸家・諸大名が出仕するなか、勅使より秀吉に正親町天皇からの太刀が渡され、次いで信雄の大納言任官の口宣案が菊亭晴季によって読み上げられ、秀吉がそれを披見した。さらに三献の儀が執り行われ、勅使が退出、門跡・清華・諸公家衆が秀吉に礼を述べた（『兼見卿記』）。まるで秀吉が任官したかごときの仕儀であるが、これは信雄大納言任官が秀吉によって実現したことを広く知らしめるためのものであった。

秀吉の宿所を退出した勅使四人は、信雄の宿所である頂妙寺に行き、信雄に対面。信雄に口宣案が渡され、その後に一献があった。勅使が帰った後、信雄が菊亭晴季のところまで礼に出向き、菊亭晴季・勧修寺晴豊・久我敦通を使いとして、禁裏へ三〇〇〇疋、誠仁親王へ二〇〇〇疋、若宮御方（和仁親王）に一〇〇〇疋、御局方に五〇〇疋ずつ、「御下」のものへ三〇〇疋ずつを礼物として贈った。さらに菊亭・勧修寺・久我に一〇〇〇疋ずつ、任官の陣儀を担当した上卿に五〇〇疋、口宣案を作成した書出に五〇〇疋を礼として贈った（『兼見卿記』）。なお、銭一疋は一〇文である。

## 秀吉の内大臣任

秀吉の執奏による信雄の大納言任官は、信雄の事実上の秀吉への臣従を、朝廷の官位体系のなかに改めて位置づけたもので、この後の上杉景勝・徳川家康の上洛、秀吉への臣従後に、秀吉の執奏による任官の先駆けをなすものであった。

秀吉は、織田信雄の大納言任官後、ほとんど時をおかず、三月一〇日に正二位内大臣に叙任された。

同年正月一八日に仙洞御所の作事始めがあり、二月には秀吉の命により上下京・禁裏六丁町・新在家の町人たちが風流（ふりゅう）の出で立ちで仙洞御所の築地を突き立てるなど、正親町天皇の譲位に向けての準備が着々となされた。秀吉の内大臣昇進は、この仙洞御所造営の功に応えての叙任ともいえよう。

この内大臣任官は、陣儀（じんのぎ）による宣下（せんげ）をもってなされた。陣儀の上卿は甘露寺経元（かんろじつねもと）、奉行は頭中将中山慶親、弁は葉室頼宣（はむろよりのぶ）であった。そのとき出された宣旨はつぎのようなものである。

**史料5　「木下家文書」『ねねと木下家文書』**

平朝臣秀吉

権大納言　藤原朝臣

経元宣、奉勅、件人宣

令任内大臣者、

天正十三年三月十日　掃部頭兼大外記造酒正助教中原朝臣師兼奉

【読み下し文】

平朝臣秀吉、権大納言藤原朝臣経元(甘露寺)宣ぶ、勅を奉り件の人を宣しく内大臣に任ぜしむ者、

宣旨には、勅命を伝えるものと太政官の決定を伝えるものがあるが、この宣旨は「奉勅」とあるように、勅命を伝えるものである。文末の「者」は「てえり」と読み、詔勅や綸旨などに用いられ、「という」の意味である。

この内大臣任官は、勅使をもって秀吉に伝えられ、即日秀吉は慶を奏するために参内する。未の刻(午後二時)、秀吉は「異體」、ほかの史料では「肩衣」「小袴」姿にて長橋局まで行き、そ

こで祝儀の二献があり、次いで衣冠を調え、車寄せより参内、参上した公家衆から一礼を受け、菊亭晴季の案内のもと清涼殿に上がり、そこから縁伝いに常御所(つねのごしょ)へ向かった。そこで正親町天皇は、秀吉と対面、三献の儀が執り行われ、秀吉から太刀折紙(たちおりがみ)（太刀に添える目録）・銀一〇〇枚が進献された（『兼見卿記』）。

三献の儀のあと秀吉は退出し、次いで誠仁親王に対面、そこでも三献の儀があり、太刀折紙・銀五〇枚が進上され、さらに若宮御方にも太刀・銀二〇枚が進上された。このほか女房衆にも秀吉から銀子が配られた。そして秀吉は、衣冠を改め退出、「二条之屋敷」に「帰城」した（『兼見卿記』）。

翌日、誠仁親王は広橋兼勝を使者として太刀を、若宮御方は五辻為仲(いつつじためなか)を使者として太刀を秀吉に贈った。このほか、伏見宮邦房(ふしみのみやくにのぶ)親王からも太刀が贈られ、さらに摂家・清華・諸門跡が秀吉のもとに礼に出向いた（『兼見卿記』）。

## 関白職をめぐる近衛・二条の争論

### 近衛・二条の三問三答

天正一三年（一五八五）二月一二日、右大臣二条昭実が関白となり、三月一〇日の秀吉の内大臣任官にあたって、近衛信輔は内大臣から右大臣へ、二条昭実は右大臣から左大臣へと転任することになる（『公卿補任』）。

その後二条昭実が左大臣を辞し、近衛信輔が左大臣となることになり（『公卿補任』）、信輔あとの右大臣に秀吉を就けようとするが、秀吉が「右府ハ信長公就凶例（右府は信長公凶例について）」ということで右大臣ではなく左大臣を望んだことから、五月二〇日、信輔は現職の左大臣のあいだに関白に就きたいと関白二条昭実に申し入れた。それを二条昭実は、「一ケ年ノ内ニ当職（関白）を辞退した例は二条家にはない」と突っぱねた。

翌二一日、近衛信輔から、二条昭実が「関白辞退迷惑」とするのは根拠がないとの初問状が出された。初問状の写をあげておく。

**史料6　「近衛文書」『大日本史料』一一編一七**

関白辞退迷惑之由被申入外、別不及被注申之旨被申入候、然時者被申分無之相聞候間、急度当家関白勅許之儀可被申入候也、

【読み下し文】

関白辞退迷惑のよし申し入れらるるの外、別に注し申さるるに及ばざる旨申し入れられ候、然るときは申し分けられこれなくと相聞こえ候あいだ、急度（きつと）当家関白勅許の儀申し入れらるべく候なり、

これに対し、二四日、二条昭実から近衛信輔の申し様は理不尽であり、これまでの勘例を検討した上で裁定を望むとの、陳状が出された（「近衛家文書」以下同）。

そして六月二日、昭実から、当職（関白）を望む儀は、転任についての例があるか、また前官で当職の例はないか、糺明を遂げるべきであるとの初答状（しょとうじょう）が出された。

即日、近衛信輔は、当官中に関白を申し請けることは連綿のことであり、また関白辞退一か年の例をあげた。信輔の二問状である。

翌三日、二条昭実は、当職改替の答えのないことを責め、また前官の例をあげた。昭実の二答

状である。翌四日、近衛信輔は三問状を出し、年内辞退が不吉という証拠などないと事例をあげた。五日、これに対しても二条昭実は、三答状で、関白職と三公の転任とを混同すべきでないと反論した。

三問三答で終わるところ、近衛信輔はさらに申状を認め、内大臣羽柴秀吉が譲位のことを奉行するよしであり、これは世をあげて希代の勝事であることをあげるなどして、二条昭実の言い分を非難し、みずからへの関白職勅許を改めて願い出た。

前官から関白職に就くことを恥辱とする信輔と、一年以内に関白を辞する例は二条家にはないとする昭実の主張は、ほとんどかみ合うものではなかった。しかしこの三問三答を経ても、正親町天皇はこの件を決着させることができなかった。

## 秀吉、関白任

こうしたなか、二条昭実は大坂にいた羽柴秀吉に助力を求めようとするが、近衛家と昵懇であった所司代前田玄以から、二条昭実の動きが近衛信輔にもたらされた。この報に接した近衛信輔は、すぐさま大坂に下った。

前田玄以から、近衛と二条との関白職をめぐっての争論のようすを聞いた秀吉は、もし争論で近衛家が負けたならば一家の破滅というべきもので、朝廷のためにもしかるべきではない、そこで秀吉が関白の詔を申し請けたいと思うがいかがか、この件を近衛前久・信輔父子に尋ねよと、玄以に命じた。

前田玄以は近衛信輔のもとに行き、秀吉の意向を伝えると、信輔は、関白の職は摂家五家以外のものが望むべきものではないと答えた。いったん引き下がった前田玄以が再度信輔のもとに行き、秀吉が近衛前久の猶子となり信輔の兄となり、関白職はやがて信輔に渡すということでどうか、それにあたって礼として近衛家に一〇〇〇石、九条・二条・一条・鷹司家には五〇〇石ずつの領地を宛行うと持ちかけた。

こうした秀吉の攻勢のもとに、信輔から話を聞いた前久は、「関白ノ濫觴ハ一天下ヲアツカリ申ヲ云也、而ニ今秀吉四海ヲ掌ニ握レリ、五家ヲコト〳〵ク相果サレ候トモ、誰カ否ト中ヘキニ、如此再三ノ届ノ上、剰当家ノ養子トナリ、果テ信輔ニ当職与達(奪)（ここでは与えること）アラハ、不及是非次第也(関白の濫觴は一天下を関り申を云なり、しかるに今秀吉四海を掌に握れり、五家をことごとく相果され候とも、誰か否と申べきに、かくのごとく再三の届のうえ、剰え当家の養子となり、果て信輔（近衛）に当職与奪あらば、是非に及ばざる次第なり)」とし、また信輔も、「当家の再興になるならば」とやむなく賛成し、玄以に、どのようにも秀吉次第、叡慮次第と返答した。

この返答に秀吉は悦び、翌日、近衛父子と対面、「万事当家ノ異見ヲマモルヘキ由」を約束した。そして、近衛家の猶子となることで、秀吉の本姓は平姓から藤原姓と改められた。

七月六日、秀吉から関白職を申し請けることを奏請された正親町天皇は、諸家へ勅問する。近衛からは所存はなく叡慮に任すとの返答が、二条家からは辞退あるべきにも及ばないとの返答があり、一一日、正親町天皇は秀吉の奏請を受け入れ、秀吉を関白に任じた（「近衛家文書」）。そのときに出された宣旨をあげておく。

**史料7　「木下家文書」『ねねと木下家文書』**

権大納言藤原朝臣

淳光　宣、奉　勅、万機

巨細宜令内大臣

関白者、

天正十三年七月十一日掃部頭兼大外記造酒正助教中原朝臣師廉奉

【読み下し文】

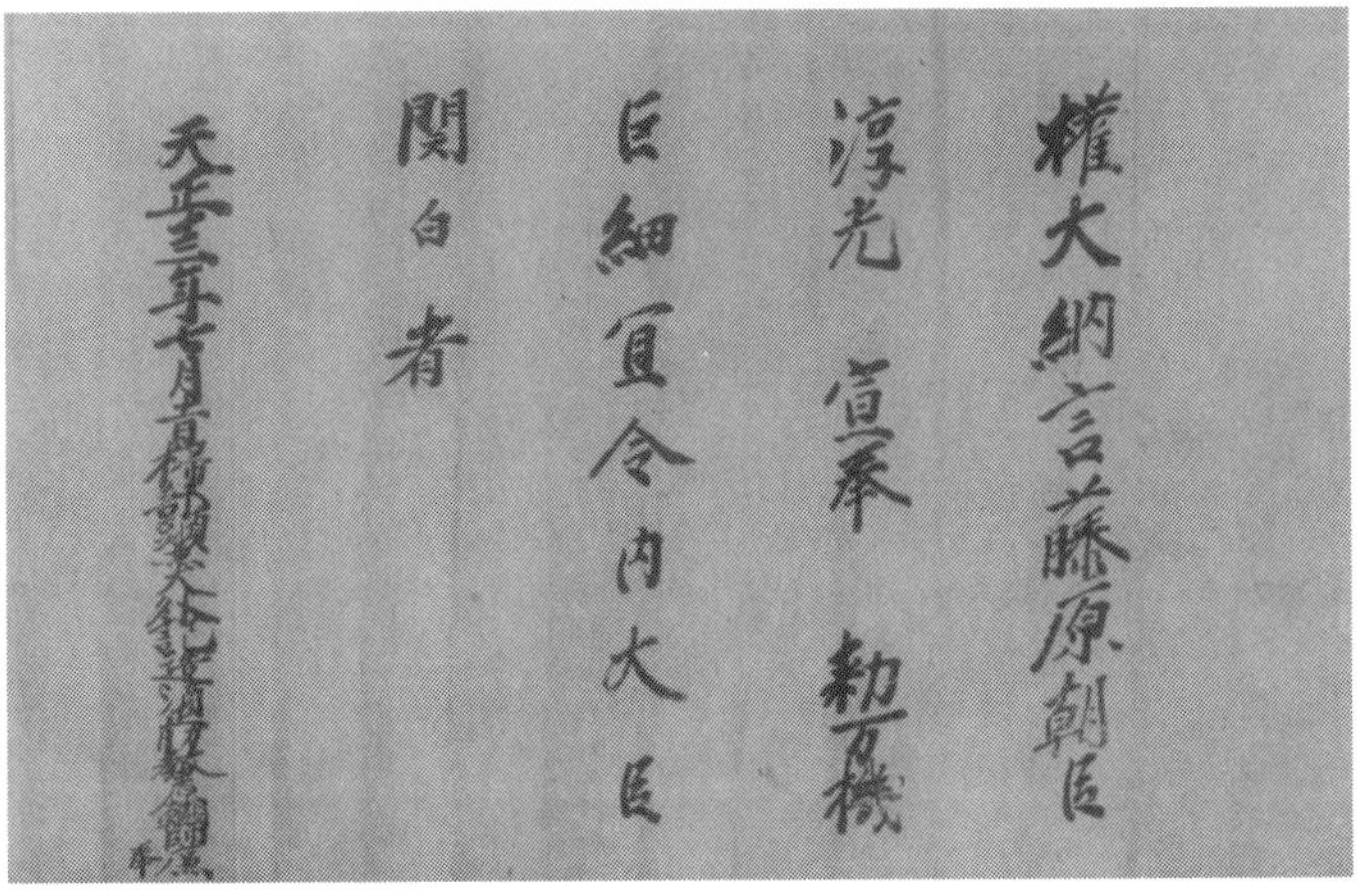


**正親町天皇宣旨(木下家文書)**　正親町天皇が秀吉を関白に任じたことを伝えたもので、文中に「内大臣」とあるのが秀吉のことである。

> 権大納言藤原朝臣淳光（柳原）宣す、勅をうけたまわるに、万機巨細、よろしく内大臣をして関り白すべし、てえり、

文中の「内大臣」が秀吉のことである。

関白宣下のあった一一日の未の刻(午後二時)、秀吉は参内し、長橋局で衣冠に改め、清涼殿より昇殿した。その秀吉と正親町天皇は常御所で対面。そこでは、正親町天皇・誠仁親王・和仁親王が座し、秀吉はその次に、さらに下座に菊亭晴季が着座するなか、祝儀の三献の儀が執り行われた。この儀礼にともない、秀吉から正親町天皇に白鳥三羽、帷子三〇、誠仁親王へ白鳥二羽、綿一〇〇把、和仁親王に料紙が進上された（『兼見卿記』）。

翌一二日、誠仁親王・和仁親王は、秀吉のもとに使いを遣わし、太刀を贈った。また摂家・門跡、諸公家が相次いで祝いのため秀吉のもとを訪れ、秀吉はそれらに対面した（『兼見卿記』）。

一三日には、再度、秀吉が参内、紫宸殿の庭で能が催された。その場に設けられた席には、西向きに正親町天皇、次に親王・若宮、次に近衛前久・九条兼孝・一条内基・二条昭実・花山院家雅が、向座に関白秀吉・菊亭晴季・徳大寺公維・西園寺実益・大炊御門経頼・久我敦通が座し、七献の儀が執り行われた（『兼見卿記』）。

## 五摂家への領知宛行

七月一八日、秀吉は、約束どおり近衛信輔に丹波・山城・近江で一〇〇〇石を、九条・二条・一条・鷹司の四家には五〇〇石を進めた。近衛信輔への領知宛行状をあげておく。

**史料8　「近衛家文書」『豊臣秀吉文書集』一五〇八号**

今度就二条殿関白職相論、秀吉天下依令異見、可拝任当職旨、雖及辞退、応　叡慮御請申候、然者為助成、以丹波・山城・近江内千石進置之、目録別紙在之、全可有御領知者也、

天正十三

七月十八日　秀吉（花押）

近衛殿（信輔）

【読み下し文】

今度、二条殿と関白職相論について、秀吉天下に異見せしむるにより、当職拝任すべきむね、辞退に及ぶといえども、叡慮に応じ御請け申し候、然らば助成として、丹波・山城・近江の内をもって千石これを進め置く、目録別紙にこれあり、まったく御領知あるべきものなり、

この宛行状では、二条と近衛の関白職をめぐる争論を秀吉が「天下」に意見していることによって、天皇から関白職を拝任するよう求められ、一度は辞退したが、「叡慮」ということでお請けしたと述べている。本当に天皇の意志であったかは疑わしいが、秀吉の関白任官の公式見解ともいうべきものである。

## おわりに

秀吉の関白任官の過程を、秀吉の朝廷内での官位上昇と、それにともなう近衛・二条の関白職をめぐる争論の展開をあとづけた。その内容については、ここでもういちど繰り返し述べる必要はないであろう。

**【参考文献】**

・橋本政宣『近世公家社会の研究』吉川弘文館、二〇〇二年
・藤井讓治『天皇の歴史5　天皇と天下人』講談社、二〇一一年。講談社学術文庫二〇一八年に再録

第三講

# 「家康成敗」に関する秀吉書状
## ――小牧長久手から家康臣従まで

## はじめに

ここでは、従来、天正一八年（一五九〇）の秀吉による小田原攻めに関するものとされてきた二つの秀吉書状を検討し、それらが天正一八年のものではなく、小牧・長久手の戦いのあとから、家康が上洛し秀吉に臣従するまでのあいだのものであることを明らかにし、歴史史料の取り扱いのむずかしさの一端を紹介するとともに、そこで語られる「家康成敗」計画をこの時期の政治過程に位置づけることを試みる。

そのひとつは、越後の戦国・安土桃山時代の研究に不可欠の史料集とされる『歴代古案』に収められている二月九日付上杉景勝宛秀吉書状である。

もうひとつは、真田昌幸の伝記である「長国寺殿御事蹟稿」に収められている真田昌幸宛秀吉書状である。

このことをつうじて、古くから史料の改竄がおこなわれてきたこと、また、誤った年代推定によって、きわめて重要な歴史的事件が抹殺され、またありもしない「事実」がそこに語られることになることをみていきたい。

## 上杉景勝宛秀吉書状をめぐって

### 二月九日付上杉景勝宛秀吉書状

まず、『歴代古案』に収められた二月九日付上杉景勝宛秀吉書状の全文とともに、それに付された注記も掲げる。

**史料1　『歴代古案』**

「同（後筆）（天正十八年）」

従是可啓之処、十一月十三日之書状、正月七日到来、於大坂披見候事、

一去年如申遣、先勢当二月、相（相模小田原）へ差遣、二月十日頃可出馬事、

一四国・西国之人数、其外兵粮以下之儀、以船手申付候、二月末、三月之始者、海上自由可有之間、二月中旬之頃者可心安事、

一其方人数之儀、定而路次雪可有之候間、二月中旬之頃者、信州（信濃）人留之足立可申候哉、雖不可油断候、此時之条其心懸尤候、国々之儀者、望之地可令馳走候、八幡大菩薩、於関白（豊臣秀吉）

無偽候条、其疑有間敷候事、
一信州・甲州(甲斐)・関東之儀者不及申、諸侍無箬抜公事無之様、令馳走尤候事、
一信州其方之人数迄而者無人数可有之間、二万も三万も、此方人数従木曽口(信濃)可申付候条、其方存分次第、令申談候、相働義専用存候事、
一信州之内、先度従其方抱候一城、小笠原(貞慶)押領之由候間、申付候処、重而其方取返之由候条、不有是非候、今少ニ候、彼境目之儀、申事無之様ニ肝要候事、
一二月十日頃、尾州(尾張)辺迄可出馬候間、従其方慥成使者差越、見遂可申候、謹言、
「天正十八」(朱書)
二月九日(天正一八年)
秀吉(豊臣)
羽柴越後宰相中将(上杉景勝)とのへ

「歴代古案」は、朱書注記でこの文書を天正一八年のものとし、また、二〇〇六年に『史料纂集(しりようさんしゆう)』の一冊として刊行された『歴代古案』も、傍注に「(天正十八年)」と記している。

それぞれに根拠を示さないが、年代推定の根拠としては、まず宛名に「羽柴越後宰相中将」とあることに注目すれば、上杉景勝が宰相＝参議、中将に任じられたのが天正一六年四月一日、中

納言に昇進したのが文禄三年（一五九四）八月一八日であることから、天正一七年以降文禄三年までのあいだのものとなる。

さらに第一条目の「先勢当二月、相（相模小田原）へ差遣」とある「相」を相模と理解すれば、秀吉が相模に進攻したのは、天正一八年の小田原攻めをおいてなく、本書状は、「歴代古案」、刊本『歴代古案』の推定どおり、天正一八年のものとなる。ただ日付については、第七条目に「二月十日頃」とあるのは、前日の二月九日の書状としてはきわめて不自然である。

この『歴代古案』の景勝宛秀吉書状は、『上杉家御年譜　景勝』の天正一八年二月九日条にも同文が引用されている。また東京大学史料編纂所の『編年史料稿本』は、この書状をあげたあとに「按」として、

此書初項ニ云フ、十一月十三日之書状正月七日到来云々ト、今越後ヲ発スルヨリ、大坂ニ至ルマテノ日数ヲ算スレハ、間四十五日ナリ、当時奥羽関東ノ外海内概子無事、道塗梗塞ノ患ナシ、何ソ此ノ如キノ日子ヲ費サン、蓋（けだし）十一月ハ十二月ニシテ、十三日或ハ二十三日ノ訛（か）ナルヘシ、又此書実ニ秀吉二月九日ヲ以テ裁スル所トナサン乎、果シテ然ラハ、秀吉正月七日、景勝ノ書ヲ領シ、三十余日ヲ経テ、之ニ答書ヲ与フルモノナリ、尋常ノ信書スラ且緩ナ

リ、況ヤ方ニ小田原征討ノ事アリ、之ニ軍略ヲ示シ、之ニ師期ヲ戒ムル、実ニ遅緩ノ甚シキモノト謂フヘシ、抑モ秀吉ノ鋭敏果決ニシテ、此ノ如ク優遊不断ナルハ、万々ナキ所、年譜編者疎漫ニシ、此訛ヲ致セシモノトス、今文中云フ所ニ就テ其誤謬ヲ挙ンニ、二月中旬比云々、及ヒ二月九日ノモノトセハ、二月中旬ハ当月、若クハ来ル中旬ト書スヘク、二月十日ハ宜ク明日ト書スヘキニ似タリ、是ヲ以テ之ヲ推ニ、二月ハコレ正月ニシテ、伝写訛ヲ致セシ事疑ヲ容レス、今断シテ本月ノ事トナシ、昌幸ニ与フル書ヲ併収ス、此書上杉文書載ス、

と述べ、この日付に疑いを提示し、「二月」は「正月」の誤写としつつも、年代は天正一八年のものとしている。

## 原本の出現

ところが、一九七四年、島根県教育委員会が刊行した『出雲意宇六社文書』中に、「熊野神社文書」の一通として、『歴代古案』所収の秀吉書状の原本と思われる、つぎにあげる羽柴秀吉書状が紹介された。

**史料2　「熊野神社文書」『出雲意宇六社文書』中**

従是可令啓之処、十一月十三日之書状、正月七日到来、於大坂披見候、
一去年如申遣候、先勢当月相ニ差遣之、二月十日比可出馬候事、
一四国・西国之人数、其外兵粮以下之儀者、以船手申付候、二月末、三月之初比ニハ海上自
由ニ可在之候条、可心安候事、
一其方人数之儀者、定路次ニ雪可在之候間、二月中旬比ニハ信州江人馬之足立可申候哉、雖
不可有由断候、此時候条其心懸尤候、国之義者望之地を可令馳走候、八幡大菩薩於関白偽
不知候条、其疑有間敷候事、
一信州・甲州・関東之儀、雖不及申候、諸侍ニおとな儀在之而、抜公事無之様ニ被馳走尤候
事、
一信州其方之人数迄にてハ無人ニ可在之候間、二万も三万も此方之人数をも、従木曽口可申
付候条、其方存分次第ニ被申談、可被相動義専用存候事、
一信州之内、先度従其方被抱候一城、小笠原かたへ押領之由候間、申付半候処、重而其方江
被執返之由候条、不及是非候、今少之間、彼境目辺之儀申事無之様ニ、おとな儀肝要候
事、

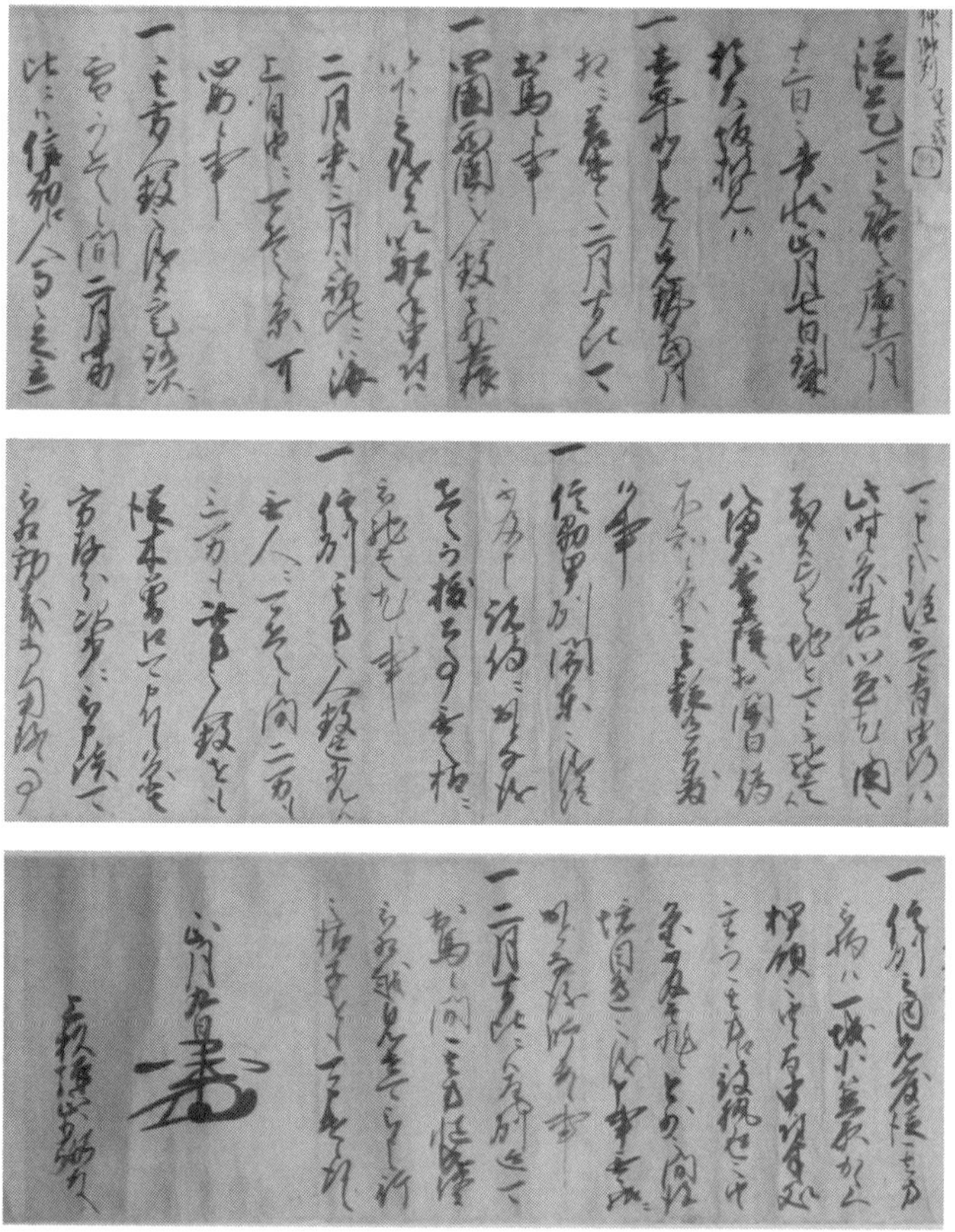

**天正14年(1586)1月9日付上杉景勝宛豊臣秀吉書状**（熊野大社所蔵）　日付の下の花押は豊臣秀吉のもの。

一二月十日比ニハ尾州迄可出馬候間、其方慥成使者被相越、見せ可被申候、行之様子をも
申遣候、謹言、
正月九日（天正一八年）　（花押）（豊臣秀吉）
上杉弾正少弼殿（景勝）

『歴代古案』のものとこの書状とには、前者の日付が「二月九日」、後者が「正月九日」、前者の宛名は「羽柴越後宰相中将とのへ」、後者は「上杉弾正少弼殿」と異なってはいるが、その文面は、細部に文字の違いはあるものの同一である。

原本である後者を基本に考えれば、前者は後者の写ということになり、日付の「二月」は「正月」を誤写したものと推察できようが、宛名の書様については誤写として済ますわけにはいかないだろう。

この宛名の改変には、「歴代古案」編者の意図があったはずである。おそらく、景勝宛秀吉書状の宛名書は、景勝が少将任官後は「上杉少将」、参議任官後は「羽柴越後宰相中将」であることを知っていた「歴代古案」の編者が、この書状を天正一八年のものとするには、宛名が「上杉弾正少弼殿」では不都合であることに気づき、「羽柴越後宰相中将」と改竄したと思われる。

## 正月九日付秀吉書状の年代推定

ところで、『出雲意宇六社文書』の秀吉書状の年代推定は、『歴代古案』と同様、天正一八年である。しかし熊野神社(大社)所蔵の原本は、一九八四年に刊行された『新潟県史』資料編五に『出雲意宇六社文書』からの採録としつつも、その年代を天正一二年のものとする。その根拠として『新潟県史』は、この文書の注記に「景勝は天正一四年六月権少将に任ずるから、秀吉の尾州出馬は対家康戦のためのものとみられる」とする。

ついで二〇〇四年に刊行された『上越市史』別編二には、『新潟県史』を参照としつつも、天正一四年のものとする。とくに根拠は示されていない。また二〇〇七年に刊行された『愛知県史』資料編12 織豊2は、『上越市史』を踏襲し、天正一四年のものとする。

一方、一九八九年に出された三鬼清一郎(みきせいいちろう)氏の『豊臣秀吉文書目録』では、『歴代古案』の書状を天正一八年のものとし、「熊野神社文書」のものを天正一二年と天正一八年にダブって掲載している。

おおむね、新しい成果での年代推定が正しいと思われるが、『上越市史』も『愛知県史』もその根拠を明示していないので、この文書の年代の確定をしておく。

本書状の第三条に「八幡大菩薩於関白偽不知候条」とあることと、秀吉が関白に任官したのが天正一三年七月一一日であることから、本書状は、それ以降、天正一四年以降のものである。さらに、『上杉家文書』に残されている秀吉関係文書を通覧する限り、景勝が天正一四年七月二一日の少将任官以降、秀吉が景勝に送った書状・朱印状での宛名は「上杉少将とのへ」、さらに先に述べたように天正一六年四月一〇日宰相（参議）昇進後は「羽柴越後宰相中将」である。

秀吉の関白任官と景勝の叙任による呼称の変化という二つの条件をみたすのは、天正一四年をおいてほかにはなく、本書状は天正一四年のものと確定できる。

## 正月九日付秀吉書状の内容

読み下しと書状の内容についての検討は後回しになったが、まず原本の読み下し文をあげよう。

是(これ)より啓せしむべきのところ、十一月十三日の書状、正月七日に到来、大坂において披見候、

一つ、去年申し遣わし候ごとく、先勢当月相(あい)にこれを差し遣わし、二月十日ころ出馬すべく候こと、

一つ、四国・西国の人数(軍勢)、その外兵粮以下の儀は、船手をもって申し付け候、二月

末、三月の初ころには海上自由にこれあるべく候条、心安かるべく候こと、

一つ、その方人数の儀は、定て路次に雪これあるべく候あいだ、二月中旬ころには信州へ人馬の足立ち申すべく候や、油断あるべからず候といえども、この時に候条、その心懸け尤もに候、国の儀は望の地を馳走せしむべく候、八幡大菩薩、関白において偽り知らず候条、その疑いあるまじく候こと、

一つ、信州・甲州・関東の儀、申すに及ばず候といえども、諸侍におとな儀(思慮分別)これありて、抜公事(出し抜いた訴訟)これなきように馳走され、尤もに候こと、

一つ、信州その方の人数までにては無人にこれあるべく候あいだ、二万も三万もこの方の人数をも、木曽口より申し付け候条、その方存分次第に申し談ぜられ、相動らかる儀専用に存じ候こと、

一つ、信州の内、先度その方より抱えられ候一城、小笠原方へ押領の由候あいだ、申し付け半ばに候ところ、重ねてその方へ取り返さるの由候条、是非に及ばず候、今少の間、彼境目辺の儀申事これなき様に、おとな儀肝要に候こと、

一つ、二月十日ころには尾州まで出馬すべく候あいだ、その方慥かなる使者相越され、見せ申さるべく候、行の様子をも申し遣わすべく候、謹言、

内容は、冒頭にこちらから書状を遣わしたところ、一一月一三日の書状が正月七日に到来し、大坂においてみた、とある。このとき、秀吉は大坂にいたことは確認できる（「顕如上人貝塚御座所日記」『言経卿記』）。

第一条、去年に申し遣わしたように先勢を当月ころに差し遣す、また二月一〇日ころには自身が出馬するつもりである。「当月相」の「相」は、用例が少ないが、天正一一年二月九日付宇喜多秀家宛羽柴秀吉書状（「高木文書」）に「北伊勢へ相動成敗申付候、月相ニ者可明隙候間」とあるように、「ころ」あるいは「うち」の意で使われている。

第二条では、四国・西国の軍勢、そのほか兵粮以下のことは、船手に申し付け、二月末、三月の初めころには海上が自由になるから安心するように。

第三条では、その方（景勝）の軍勢については、定て路次に雪があるであろうが、二月中旬ころには信州へ人馬の足が立つであろうか、油断してはいないだろうが、重要な時であるので、その心掛けが尤もである。「国之義」は望の地を馳走する、八幡大菩薩にたいし関白として偽はない、疑ってはならない。

第四条では、信州・甲州・関東の儀は申すに及ばずといえども、諸侍に対し「おとな儀（思慮分別)」をもって抜き公事のないよう馳走するのが尤もである。

第五条では、信州はその方の軍勢だけでは不足であろうから、二万も三万もこの方より軍勢を木曽口から申し付けるので、その方の存分次第に申し談ずることが専用である。

第六条では、信州の内、先度その方が抱えられていた一城を小笠原方へ押領されたとのことを聞いていたが、それについて申し付けが半になっていたところ、重ねてその方へ執り返された。やむをえない、今少しのあいだ、彼境目辺の儀で申し事がないように、「おとな儀」が肝要である。

第七条では、二月一〇日ころには尾州まで出馬するので、その方より確かなる使者を越し、そのようすをみせ、行(手立て)のようすをも申しつかわす。

以上、かなり詳細な指示が出されているが、だれを攻めるためかは、この史料からは直接には知り得ない。

## 正月八日付、正月一〇日付真田昌幸宛秀吉書状

攻撃の対象がだれであるかを明らかにするまえに、正月八日付、一〇日付真田（さなだ）昌幸（まさゆき）宛秀古書状について検討する。

### 正月八日付真田昌幸宛秀吉書状

**史料3　「長国寺殿御事蹟稿」『神奈川県史』資料編三下**

　態染筆候、

一旧冬如申遣候、先勢当月相（相模）ニ差遣、二月十日比ニ可出馬候事、

一四国・西国之人数、兵粮以下之儀、以船手申付候、二月之末、三月之初比ニハ海上自由ニ可在之候条、可心易候、其外諸卒兵粮出候条、八幡大菩薩、早国々之人数ニ兵粮を遣之、尾州・濃州人数ニハ金銀八月迄之兵粮悉渡置候、定而其元へ可有其聞事、

一小笠原其方人数迄見候、可為無人候間、率爾之動無用候、此方人数二万も三万も、従木曽口可差遣候条、其方存分次第ニ被申談、可被相動候、諸口繰合、凶徒可加成敗候間、可心易候也、

（天正十八年）
正月八日　　　　　　太閤花押（秀吉）
真田安房守殿（昌幸）

【読み下し文】

わざと筆を染め候、

一つ、旧冬申し遣わし候ごとく、先勢当月相に差し遣わし、二月十日ころに出馬すべく候こと、

一つ、四国・西国の人数、兵粮以下の儀、船手をもって申し付け候、二月の末、三月の初めころには海上自由にこれあるべく候条、心安かるべく候、その外、諸卒兵粮出し候条、八幡大菩薩、早国々之人数に兵粮をこれ遣わし、尾州・濃州の人数には金銀八月までの兵粮ことごとく渡し置き候、定めてそこ元へその聞こえあるべきこと、

一つ、小笠原その方の人数まで見候、無人たるべく候あいだ、率爾（そつじ）の動き無用に候、この方人数二万も三万も、木曽口より差し遣わすべく候条、その方存分次第に申し談ぜられ相動かるべく候、諸口の繰り合い、凶徒に成敗を加うべく候あいだ、心易かるべく候なり、

## 正月一〇日付真田昌幸宛秀吉書状

### 史料4　正月十日秀吉書状「長国寺殿御事蹟稿」『神奈川県史』資料編三下

先書ニ雖申遣候、重而染筆候、
一先勢弥当月相ニ差遣候、秀吉出馬二月十日比相極候事、
一四国・西国之人数船手之儀も、早申付候、三月初比可相動事、
一木曽口□□（人数）之儀も申付候条、諸口繰合、即時ニ可討果候、今少候間、其方諸所へ動無之様調儀肝要候、我等出馬以前行無之候共、不苦候、一篇ニ於申付上、紀忠節、知行等可申付候間、可心易候、猶追々可申聞候也、
（天正十八年）正月十日　（秀吉）太閤　花押
真田安房守（昌幸）殿

【読み下し文】

先書に申し遣わし候といえども、重ねて筆を染め候、
一つ、先勢いよいよ当月相に差し遣わし候、秀吉出馬二月十日ころ相極まり候こと、
一つ、四国・西国の人数・船手の儀も、はや申し付け候、三月初ころ相動くべきこと、

一つ、木曽口人数の儀も申し付け候条、諸口繰り合せ、即時に討ち果たすべく候、今少し候あいだ、その方諸所へ動きこれなき様調儀肝要に候、我等出馬以前の行これなく候とも苦しからず、一篇に申し付くる上においては、忠節を糺し、知行等申し付くべく候あいだ、心易かるべく候、なお追い追い申し聞くべく候なり、

## 両書状の検討

史料3・4は、一九七九年に刊行された『神奈川県史』資料編3古代・中世3下に「長国寺殿御事蹟稿」を出典に載録されたものをあげている。

「長国寺殿御事蹟稿」は、信濃松代真田氏が家臣の河原綱徳を編纂主任として編集した家史「先公実録」の一部である。「長国寺殿御事蹟稿」は、一九六六年、戦国史料叢書の一冊『真田史料集』として一部抄録され刊行されている。

もとの「長国寺殿御事蹟稿」においては、史料3・4は、「小田原征伐先鋒」という項目中の一史料として収録されていることから判断すると、天正一八年の秀吉の小田原攻めに関するものとされている。『真田史料集』においては、史料3の「正月八日」の傍注に「(天正十八年)」とし、史料3の第一条目の「先勢当月相ニ差遣」の「相」を相模とする。また、『神奈川県史』も史料

3・4を載録し、その年代を天正一八年のものとし、「相」についても『真田家史料』と同一の見解を示している。

史料3・4の各箇条の内容と史料2の各箇条を比較すると、この書状は同時期のものであることは動かしがたく、先に史料2を天正一四年のものと確定したことに従えば、史料3・4も天正一八年ではなく天正一四年のものとなる。

『真田家史料』『神奈川県史』が年代推定の根拠のひとつとされた、あるいは天正一八年との推定にもとづいて、第一条の「当月相」の「相」を相模とされたが、先に述べたようにこの「相」は「ころ」「うち」の意であり相模ではない。ちなみに、天正一八年段階では秀吉は真田昌幸に対する書状には、朱印を使用し花押を使用していない。

史料3・4の各条の内容については、史料2で述べたことと大きくは変わらないので省略する。

## 「家康成敗」の軍事動員計画の抹殺

### 攻撃対象はだれか

史料1〜4が天正一八年のものとされてきたことによって、天正一四年の秀吉による大規模な軍事動員計画は、この期の歴史叙述から姿を消された。その要因のひとつは、史料1〜4には、この計画がだれを対象としたものであるかが記されていないことも大きく影響したと想定される。

そこで、この軍事動員計画がだれを攻撃対象としたものであるかを、史料2・3・4が天正一四年のものであることを踏まえて、以下検討することにする。攻める相手は、つぎの真田昌幸（さなだまさゆき）に宛てた天正一三年一一月一九日付の秀吉書状から容易に知ることができる。

**史料5　「松丸憲正氏所蔵文書」『豊臣秀吉文書集』一六六三号**

態以飛脚申候、

一対天下、家康表裏相構候儀、条々有之付而、今度石川伯耆守為使、相改人質以下之儀申出候処ニ、家康表裏重々有之段、彼家中者とも依存知之、家康宿老共之人質不出付而、石伯去十三日足弱引連、尾州迄罷退候事、一此上者人数を出、家康儀成敗可申付ニ相極候、殿下御出馬之儀ハ、当年無余日之間、正月十五日以前ニ動座有之而、急度可被仰付事、

一信州・甲州両国之儀、小笠原・木曾伊予守相談、諸事申合、無越度様ニ才覚尤候事、

一其国へも其方より被申次第ニ、人数可入程可差遣事、

一当年者右如申無余日候之間、才覚有之而、来春正月出馬刻、則其国へも人数を差遣、もみ合彼悪逆人成敗儀程有間敷候条、小笠原其方手前、春迄儀ハ諸事有気遣、用心等無越度様ニ才覚肝要候事、

一其国之儀、道茂ニ懇一書を以可被申越候、猶追々可申聞候也、

十一月十九日（天正一三年）　（花押）（秀吉）

真田安房守殿（昌幸）

【読み下し文】

わざと飛脚をもって申し候、

一つ、天下に対し、家康（徳川）表裏を相構え候儀、条々これあるについて、今度石川伯耆守使として、人質以下相改むの儀を申し出し候ところに、家康表裏重々これある段、彼家中の者ともこれを存知により、家康の宿老（しゅくろう）共の人質出さざるについて、石伯（石川

伯耆守）去十三日足弱引き連れ、尾州まで罷り退き候こと、

一つ、この上は、人数を出し、家康儀成敗申し付くべきに相極まり候、殿下御出馬の儀は、当年余日なきのあいだ、正月十五日以前に動座これありて、急度仰せ付けらるべきこと、

一つ、信州・甲州両国の儀、小笠原（貞慶）・木曾伊予守（義昌）と相談、諸事申し合わせ、越度なきように才覚尤もに候こと、

一つ、その国へもその方より申され次第に人数入るべきほど差し遣わすべき事、

一つ、当年は、右申すごとく余日なく候のあいだ、才覚これありて来春正月出馬の刻、すなわちその国へも人数を差し遣わし、もみ合い、彼悪逆人成敗の儀程あるまじく候条、小笠原その方手前、春までの儀は、諸事気遣いあり、用心等越度なき様に才覚肝要に候こと、

一つ、その国の儀、道茂に懇ろの一書をもって申し越さるべく候、猶追々申し聞くべく候なり、

書状全体は、この時期の状況を知らせ、かつそれへの手立てを指示したものである。第一条で家康が「天下」に対し表裏を構えたので、石川数正を介して、人質以下を改めるよう申し送った

ところ、家康家中のものたちは家康に表裏あることを承知していて、家康の宿老どもの人質を出さなかったので、石川数正は去一三日に妻子を連れて尾張まで引き退いたと述べる。

ここから、さきの正月九日の上杉景勝宛秀吉書状にみえる「出馬」の相手は家康であることが明らかとなる。さらにこの段階で秀吉が宿老の人質を出すよう迫ったのに対し、家康はそれを拒絶したこと、さらにそれによって石川数正が一三日に尾張に退去したことが分かる。

## 「家康成敗」の要因

前者の人質については、家康の家臣で三河深溝(ふこうず)城主であった松平家忠(まつだいらいえただ)の日記、天正一三年一〇月二八日条に、

**史料6　『家忠日記』**

城へ出仕候、上へ御質物御出候て能(よく)候ハんか、又御出し候ハてよく候ハんかと之御談合にて候、各国衆同意ニ質物御出し候事不可然之由申上候、

【読み下し文】

(浜松)城へ出仕候、上へ御質物をお出し候てよく候はんか、またお出し候はてよく候はんかとの

御談合にて候、各国衆同意に質物お出し候ことしかるべからざるの由申し上げ候、とあることと符合する。

後者の石川数正の退去については、つぎのような一一月一七日付の秀吉書状がある。

**史料7　「稲村正太郎氏所蔵文書」『豊臣秀吉文書集』一六六〇号**

返々其方なに事なくこし候のたん、まんそくなか〳〵申はかりなく候、此上わ我等したいにかくこあるへく候、其方くわいふんあしきようにわいたし候ましく候、其心へ□□(候て)、両人したいに可□(然カ)候、□(此)はしかき秀吉て□□□(にて候)間、みゐ申ましく候、以上、

熱田其方足弱有同道被越候由、従大納言殿被申越候、一定にて候哉、先無心許候て、津田隼人佐・富田左近将監両人進之候、急江州迄成共可被越候、以直談家康存分之通承度候、自然其許ニ滞留於有之者、追々迎を可進之候、於義伊なとも迷惑ニ可被存候間、何篇ニ急御越待候、委細両人ニ申含遣候也、

十一月十七日(天正一三年)　(花押)(秀吉)

【読み下し文】

返す返す、その方なにごとなく越し候の段、満足なかく申ばかりなく候、この上は我等次第に覚悟あるへく候、その方外聞悪しきようにはいたし候まじく候、その心得候て、両人次第に然るべく候、この端書秀吉手にて候あいだ、見え申すまじく候、以上、

熱田へその方足弱同道ありて越され候よし、大納言(織田信雄)殿より申し越され候、一定にて候や、まず心許なく候て、津田隼人佐(盛月)・富田左近将監(知信)両人これを進め候、急ぎ江州までなるとも越さるべく候、直談をもって、家康存分の通りを承りたく候、自然そこ許に滞留これあるにおいては、追々迎をこれ進むべく候、お義伊(徳川秀康)などにおいても迷惑に存ぜらるべく候あいだ、何篇に急ぎ御越待ち候、委細両人に申し含め遣わし候なり、

この書状は宛名を欠くが、内容から石川数正に宛てたものである。また、猶々書は、最後に「此はしかき秀吉てにて候間、みゑ申ましく候」とあるように、秀吉自筆である。また、この秀吉書状から、一一月一七日までに秀吉のもとに数正退去の報が織田信雄より伝えられたこと、そのことを確認するために津田盛月と富田知信とを秀吉が派遣したこと、さらに急ぎ近江までも来

て家康の考えを承りたいとし、万一そこもとに滞留するのであれば、こちらから迎えのものを遣わすとし、秀吉の元にいる家康次男義伊などにおいても迷惑になると思うので、急ぎ来るようにと述べ、さらに猶々書で、改めて数正の退去を満足とし、このうえは秀吉次第と覚悟するよう、その方の外聞が悪くなるようなことはしない、端書（猶々書）は秀吉の手なので読めないだろう、とする。

## 真田昌幸・小笠原貞敬・木曽義昌との連携

先にあげた真田昌幸宛一一月一九日付秀吉書状（史料5）の第二条は、秀吉が出陣し、家康を成敗することに決まった、ただ当年は余日がないので来春正月．五日に出馬することを報じている。第三条は、信濃・甲斐について小笠原貞慶（おがさわらさだよし）と木曽義昌（きそよしまさ）と相談し、諸事申し合わせるようにと指示し、第四条では、信濃へも要請があれば軍勢を派遣すること、第五条では、来春正月の出馬までは、小笠原とともに諸事気遣い用心するように求めている。

真田昌幸・小笠原貞慶・木曽義昌との連携は、この書状より少し前にはじまった。秀吉は一〇月一七日付で真田昌幸にもつぎのような書状を送った。

**史料8　『真田家文書』『豊臣秀吉文書集』一六五〇号**

未申遣候之処、道茂所へ之書状、披見候、委細段被聞召届候、其方進退之儀、何之道ニも不迷惑様ニ可申付候間、可心易候、小笠原右近大夫与弥申談、無越度様ニ其覚悟尤候、猶道茂可申候也、

（天正一三年）拾月十七日　（秀吉）（花押）

真田安房守（昌幸）とのへ

【読み下し文】

いまだ申し遣わさず候の処、道茂所への書状、披見候、委細の段聞こし召し届けられ候、その方進退の儀、何の道にも迷惑ならざる様に申し付くべく候あいだ、心安かるべく候、小笠原右近大夫（貞慶）といよいよ申し談じ、越度なき様にその覚悟尤に候、なお道茂申すべく候なり、

冒頭に「未申遣候之処」とあるように、秀吉が真田昌幸に書状を遣わしたのはこのときが最初であったことがわかる。また同日付で秀吉は小笠原貞慶にもつぎのような書状を送っている。

## 史料9　「唐津小笠原家文書」『豊臣秀吉文書集』一六四九号

追而来国長脇差・鳳凰縫紋道服一遣之候也、

今度道茂差遣候処ニ、其方存分通、一々被聞召届候、依之常にも其方進退之義、可令馳走候間、可心安候、殊刀一腰判守家・熊皮弐拾枚到来、祝着候、委細之段、以一書道茂申含遣候、被得其意、真田与別而入魂可有之候、木曽伊予守方ニも可被申談事尤候也、

（天正一三年）
十月十七日　秀吉在判

小笠原右近太夫（貞慶）とのへ

【読み下し文】

追って、来国長（らいくになが）の脇差・鳳凰縫紋（ぬいもん）道服一つこれを遣わし候なり、

今度道茂を差し遣わし候ところに、その方存分通り、いちいち聞こし召し届けられ候、これにより常にもその方進退の儀、馳走せしむべく候あいだ、心安かるべく候、殊に刀一腰判守家（もりいえ）・熊皮弐拾枚到来、祝着に候、委細の段、一書をもって道茂申し含め遣わし候、その意を得られ、真田と別して入魂これあるべく候、木曽伊予守（義昌）方にも申し談ぜらるべきこと尤（もっと）もに候なり、

このように一〇月一七日のころには、信濃の領主に対し進退を保証することをうたいつつ、「家康成敗」を視野にいれた信濃方面での動きが確認できる。

## 大垣城の一柳直末への指示

秀吉は、一一月一九日に真田昌幸宛に書状を送る前日と翌日に、美濃大垣城の一柳末安（ひとつやなぎすえやす）に指示を出す。前日一八日にはつぎにあげる朱印状をもって、「家康与申事」あるを理由に東美濃の人質を返還しないよう命じた。

**史料10　「一柳文書」『豊臣秀吉文書集』一六六一号**

東美濃者共人質事、よく御尋申上候、此比家康与申事有之儀候間、返遣間敷候、番等忩を入可申付候也、

十一月十八日（天正一三年）　（朱印）（秀吉）

一柳市介（末安）とのへ

【読み下し文】

東美濃のものども人質のこと、よくお尋ね申し上げ候、このころ家康（徳川）と申し事こ

れある儀候あいだ、返し遣わすまじく候、番（警固）等念を入れ申し付くべく候なり、

ついで一一月二〇日には、朱印状をもって以下のように指示した。

**史料11　「一柳文書」『豊臣秀吉文書集』一六六五号**

家康人質之儀被仰遣候処、御返事延引被申ニ付而、石伯罷退候、就其去十七日ニも書状相越候而、種々懇望申候得共、無御同心候、来春正月十五日以前ニ其城へ可有御座候間、得其意、無由断陣用意以下可申付候、星崎ニ人を付置、三州之儀立聞通尤ニ候、次雁二到来、悦入候、委細木下半介可申候也、

（天正一三年）十一月廿日　秀吉（朱印）

一柳市介（直末）とのへ

【読み下し文】

家康（徳川）人質の儀仰せ遣わされ候ところ、御返事延引申さるについて、石伯（石川数正）罷り退き候、それについて去十七日にも書状相越し候て、種々懇望申し候えども、御同心なく候、来春正月十五日以前にその城（美濃大垣城）へ御座あるべく候あいだ、その

意を得、油断なく陣の用意以下申し付くべく候、星崎に人を付け置き、三州の儀立ち聞く通り尤に候、ついで雁ニ到来、悦び入り候、委細木下半介（吉隆）申すべく候なり、

ここでは、秀吉から家康へ人質のことを命じたが返事が引き延ばされ、石川数正が退去した、一七日にも家康から書状が届き種々懇望されたが、それには同意せず、来春正月一五日以前に美濃大垣城まで出向くので、油断なく陣の用意をするよう、また尾張の星崎に人をつけて三河の様子を聞き立てるよう指示している。

## 「家康成敗」の中止

しかし、「家康成敗」の軍事動員は実際にはなされなかった。この間の事情を確認しておこう。「顕如上人貝塚御座所日記」に、

**史料12　「貝塚御座所日記」天正一四年二月二四日条**

一三州徳川御成敗ニ付而、近日三川入、御自身御出馬アルヘキ由有之処、三介御自身三州へ御下向、種々ノ曖アリテ、無事ニ可相調由其沙汰アリ。石川伯耆守ヨリモ其通申来、廿

九日ニ三州之岡崎より三介殿御帰、家康ハ其日浜松帰城云々。

【読み下し文】

一つ、三州徳川(家康)御成敗について、近日三川(三河)入、御自身御出馬あるべき由これあるところ、三介(織田信雄)御自身三州へ御下向、種々の曖(あつかい)ありて、無事に相調うべき由その沙汰あり、石川伯耆守(ほうきのかみ)(数正)よりもその通り申し来る、二十九日に三州の岡崎より三介殿御帰り、家康はその日浜松へ帰城云々、

とあり、秀吉が「徳川御成敗」のため近日三河へ出馬の予定であったが、織田信雄が三河の家康のもとに出向き、種々の扱いの結果、和平・和議が調った、この情報は石川数正よりも言ってきたと、この間の事情が述べられている。

また、つぎの天正一四年二月二日付一柳直末(なおすえ)宛ての秀吉朱印状に、

**史料13　「一柳文書」『豊臣秀吉文書集』一八四九号**

急度申遣候、仍家康質物之儀、先度者兎角依相滞、可加成敗之旨雖申出候、何様ニも関白次第之由令懇望候間、赦免候、得其意不可出陣候也、

（天正一四年）
二月八日　　秀吉御朱印
　一柳伊豆守（直末）とのへ

【読み下し文】

急度（きっと）申し遣し候、よって家康（徳川）質物の儀、先度は兎角（とかく）相滞るにより、成敗を加うべきの旨申し出し候といえども、何様にも関白（秀吉）次第の由（よし）懇望せしめ候あいだ、赦免候、その意を得、出陣すべからず候なり、

とあるように、秀吉から大垣城の一柳直末に、家康からの人質提出がなされなかったので成敗するとしていたが、何様にも関白次第と家康が懇望してきたので、赦免することにしたとある。ここから、この間の秀吉と家康のあいだでの問題は、家康から秀吉への人質提出が争点であったことが知り得る。

## おわりに

天正一三年末から一四年にかけて秀吉が計画した「家康成敗」のための軍事動員計画は、織田信雄の仲介によって現実のものとならなかったが、史料1のように、江戸時代に「歴代古案」が編纂される過程で、誤ってあるいは意図して、天正一八年の秀吉の小田原攻めに関するものに改竄(かいざん)されたこと、近代においてもそれを引き継ぎ位置づけてきたことで、天正一四年の「家康成敗」計画を歴史の背後に隠してしまった。

**【参考文献】**


・『真田史料集』人物往来社、一九六六年
・島根県教育委員会編『出雲意宇六社文書』島根県教育委員会、一九七四年
・『神奈川県史』資料編三下、一九七九年
・『新潟県史』資料編五、一九八四年
・三鬼清一郎『豊臣秀吉文書目録』、一九八九年
・羽下徳彦他校訂『史料纂集　歴代古案』第五　続群書類従完成会、二〇〇二年
・『上越市史』別編二、二〇〇四年
・『愛知県史』資料編12　織豊2、二〇〇七年

第四講

# 「惣無事令」はなかった

## はじめに――「惣無事令」とは

「惣無事令(そうぶじれい)」は、藤木久志氏が一九七八年に発表された「『関東・奥両国惣無事』令について」という論考のなかで、豊臣政権の政策基調として提起されたものであり、その後、高等学校の教科書にも取り入れられ、定説化した。

藤木氏は、一九九三年に刊行された平凡社の『日本史辞典』の「惣無事令」の項で、

豊臣政権の私戦禁止令。豊臣平和令。（中略）豊臣秀吉は一五八五年（天正十三）関白就任とともに直ちに、その権威と軍事力を背景として、まず九州の戦国大名たちに、領土紛争は関白政権の裁判権によって裁定・解決するという調停案を示し、戦争の即時停止を求め、戦国大名間の戦争を私戦と断定した。さらに翌年には、これを広く関東・東北の全域に及ぼした。

と述べられた。

この「惣無事令」は、一九九七年の高等学校日本史の教科書に登場し、少しずつ変化を遂げながらも現在にいたっている。もっとも採択率の高い山川出版社の『詳説日本史』でみると、「惣

無事令」が最初に現れるのは一九九七年版で、「関白になった秀吉は、天皇から日本全国の支配権をゆだねられたと称し、惣無事（全国の平和）をよびかけ、たがいに争っていた戦国大名に停戦を命じ、その領国の確定を秀吉の決定にまかせることを強要した」とされ、二〇〇六年版では、「関白になった秀吉は、天皇から日本全国の支配権をゆだねられたと称して、全国の戦国大名に停戦を命じ、その領国の確定を秀吉の裁定にまかせることを強制した（惣無事令）」と、さらに二〇一二年版では、「関白になった秀吉は、天皇から日本全国の支配権をゆだねられたと称して、全国の戦国大名に停戦を命じ、その領国の確定を秀吉の裁定に任せることを強制した」とし、その注に「この政策を惣無事令と呼ぶこともある」と、少しトーンを変えた記述がなされている。

こうした状況を踏まえ、「惣無事令」の存否をもふくめ、以下検討する。

## 藤木氏の「惣無事令」論の形成過程

### 惣無事令の発見

最初に、藤木氏の「惣無事令（そうぶじれい）」がどのように作り上げられたかを跡づけていく。まず、一九七八年に発表された「『関東・奥両国惣無事』令について」（藤木一九七八）という論考のなかで、以下の史料1・史料2・史料3をあげる。

**史料1　「秋田藩採集文書」『豊臣秀吉文書集』二〇三八号**

対石田治部少輔書状遂披見候、関東奥両国迄惣無事之儀、今度家康ニ被仰付条、不可有異儀候、若於違背族者、可令成敗候、猶治部少輔可申候也、

十二月三日（花押影（秀吉））

多賀谷修理進（重経）とのへ

【読み下し文】

石田治部少輔（三成）に対す書状披見を遂げ候、関東奥両国まで惣無事の儀、今度家康

（徳川）に仰せ付けらるの条、異議あるべからず候、もし違背の族においては、成敗せしむべく候、なお治部少輔申すべく候なり、

**史料2**　**「白土文書」『豊臣秀吉文書集』二〇三七号**

対富田左近将監書状披見候、関東惣無事之儀、今度家康ニ被仰付之条、其段可相達候、若相背族於有之者、可加成敗候、成其意（カ）候也、

十二月三日（花押（秀吉））

白土右馬助とのへ

**史料3**　**「伊達文書」『豊臣秀吉文書集』二〇三六号**

対富田左近将監書状披見候、関東惣無事之儀、今度家康ニ被仰付候之条、其段可相達候、若相背族於有之者可加成敗候間、可得其意候也、

十二月三日（花押（秀吉））

片倉小十郎（景綱）とのへ

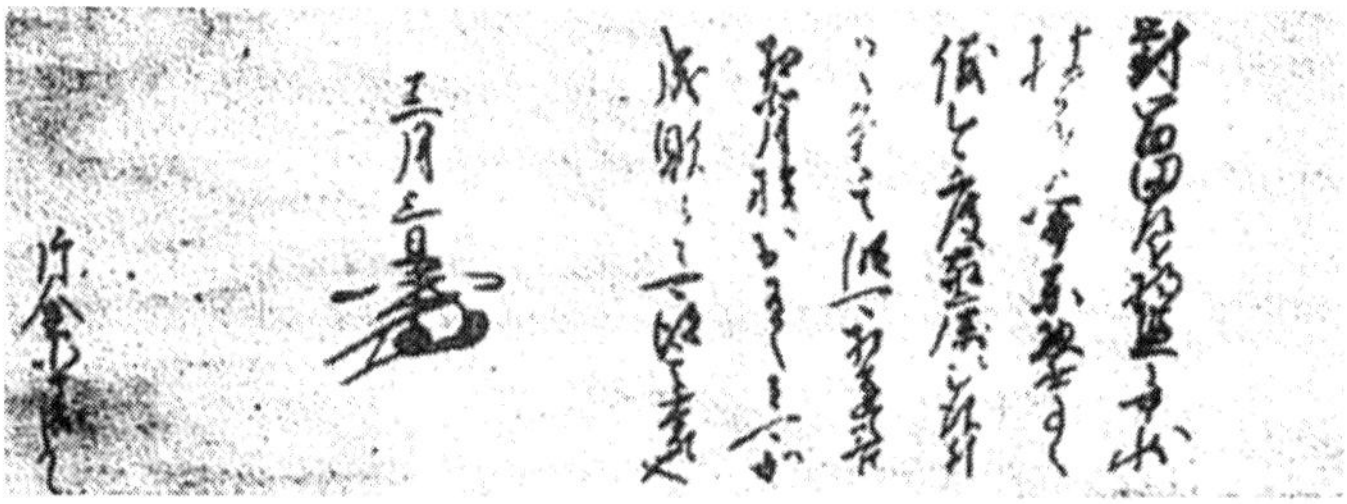

**天正14年(1586)12月3日付片倉景綱宛て豊臣秀吉直書**　伊達政宗の重臣片倉景綱に「関東惣無事之儀」を命じたことを伝えたもの。日付下の花押は秀吉のもの。

藤木氏は、この秀吉直書の発給年代を天正一五年としたうえで、「これらの秀吉直書の要旨をかりに惣無事令と略称し」、「関東・奥両国迄惣無事之儀、今度家康ニ被仰付条」あるいは「関東惣無事之儀、今度家康ニ被仰付条」を「「惣無事之儀」の執達を徳川家康に命じた」とし、結論として、

惣無事令は、九州制圧を果たすことで「唐国」侵攻を現実のものとして日程にのぼせ、聚楽行幸の壮大な演出を目前にした時、豊臣政権がひろく関東・奥羽にわたる天下一統の実現をめざして発した大きな停戦命令として独自の意義をもった。

とした。

ここに「停戦命令」としての性格を付与された「惣無事令」がまず提示され、藤木氏の「惣無事令」の原型が成立する。

## 「九州国分令」の組み込み

ついで藤木氏は、一九八〇年の論考「豊臣政権の九州国分令について」（藤木一九八〇）で、惣無事令というのは、豊臣政権が「国郡境目相論」としての戦国領主層の戦争を私戦として禁止し、所領紛争の解決つまり土地領有秩序の画定のための領土裁判権を独占しようとした、一種の平和令であると考えてみた。

とされ、「惣無事令」に「九州国分令」を組み込み、「領土裁判権の独占」という内容を付け加え、それを「平和令」とあらためて性格づけられた。

一九八〇年に永原慶二氏が、『日本の中世国家』（永原一九八〇）のなかで史料1〜3の出された年を奥羽仕置が終わった天正一八年のこととされたのに対し、藤木氏は一九八一年の「惣無事令のこと――永原説によせて――」（藤木一九八一）において、永原氏の天正一八年説を批判し、史料1〜3を天正一五年のものと再度確認し、

「惣無事令」は少くとも豊臣の関白政権の成立期にさかのぼって検証しうる、統一政策の基

調であり、全国統合の過程をつらぬく特質とみなしうるのではないか。

とされ、「惣無事令」の法源が「関白政権の成立」にあるとの理解をはじめて提示された。

## 領土高権の掌握

さらに、藤木氏は一九八三年の「豊臣惣無事令と上野沼田領問題」（藤木一九八三）で、史料1〜3の三通の秀吉直書について、以下のように記している。

ここに豊臣惣無事令というのは、直接には、天正十五年（一五八七）十二月三日付で、豊臣秀吉の発した「関東奥両国惣無事之儀」を主題とする直書を指している。

この直書は、私見によれば、豊臣政権による職権的な広域平和令であり、戦国の大名領主間の交戦から百姓間の喧嘩刃傷（にんじょう）にわたる諸階層の中世的な自力救済権の行使を体制的に否定し、豊臣政権による領土高権の掌握をふくむ紛争解決のための最終的裁判権の独占を以てこれに代置し、軍事力集中と行使を公儀の平和の強制と平和侵害の回復の目的にのみ限定しようとする政策の一端をになうものであった。

とされ、「惣無事令」のいっそうの概念化を進め、この令の基本的性格を「職権的な広域平和令」とし、そこでは「紛争解決のための最終的裁判権の独占」を「領土高権の掌握」の問題として提示された。

そして、一九八五年に上梓された『豊臣平和令と戦国社会』（藤木一九八五）において、家康の豊臣政権への帰属と関連づけ、「関東惣無事」令の初令を、つぎにあげた天正一四年一一月の北条氏政（ほうじょううじまさ）宛徳川家康書状とされた。ただし、一九七八年の論文では、この家康書状を天正一六年のものとされていたが、本書では天正一四年のものとされている。

**史料4「持田文書」『徳川家康文書の研究』上**

関東惣無事之儀ニ付而、従羽柴方如此申来候、其趣先書申入候間、只今朝比奈弥太郎為持、為御披見進之候、好々被遂御勘弁、御報可示預候、此通氏直江も可相達候処、御在陣之儀候之条、不能其儀候、様子御陣江被御届可然之様、専要候、委細弥太郎口上ニ含候、恐々謹言、

家康（花押）

十一月十五日

北条左京大夫（氏政）殿

【読み下し文】

関東惣無事の儀について、羽柴(秀吉)方よりかくのごとく申し来り候、その趣先書申し入れ候あいだ、只今朝比奈弥太郎(泰勝)に持たせ、御披見のためこれを進め候、よくよく御勘弁を遂げられ、御報示し預かるべく候、この通り氏直(北条)へも相達すべく候ところ、御在陣の儀候の条、その儀能わず候、様子御陣へ御届けられ、然るべきの様、専要に候、委細弥太郎口上に含め候、恐々謹言、

ここでは、一九七八年の論文において「惣無事令は、九州制圧を果たすことで「唐国」侵攻を現実のものとして日程にのぼせ、聚楽行幸の壮大な演出を目前にした時、豊臣政権がひろく関東・奥羽にわたる天下一統の実現をめざして発した」とした位置づけを、家康の帰属を契機とする東国政策への展開へと変更されている。

## 「惣無事令」の初例の発見

そして一九八六年の「東国惣無事令の初令」(藤木一九八六)において、史料4を天正一四年のものと論証され、四月一九日付佐竹義重宛秀吉直書(史料5)を天正一四年のものと推定し、史料4を「惣無事令の裁定原則を提示した初令」と位置づけられた。

**史料5**　「上杉文書」『豊臣秀吉文書集』一八七五号

去月七日返札到来、遂披見候、仍会津与伊達、累年鉾楯由候、天下静謐処、不謂題目候、早々無事段、馳走肝心候、境目等事、任当知行可然候、双方自然存分於在之者、依返事可差越使者候、不斗富士可一見候条、委曲期其節候也、

四月十九日　（花押）（秀吉）

佐竹左京大夫殿（義重）

【読み下し文】

去月七日の返札到来、披見を遂げ候、仍て会津（芦名盛重）と伊達（政宗）、累年鉾楯の由候、天下静謐のところ、謂われざる題目に候、早々無事の段、馳走肝心に候、境目等のこと、当知行に任せ然るべく候、双方自然存分これあるにおいては、返事により、使者を差し越すべく候、ふと富士一見すべく候条、委曲その節を期し候なり、

そして、

以上、秀吉は関白となった天正十三年夏以降「富士一見」を表明したのにはじまり、翌十四

年には四月のB（史料5）、五月のCなどを経て、その十一月の家康服属を機として、A（史料4）の示唆する「関東」北条氏を対象とする惣無事令を発動し、さらに九州仕置きを終えた翌十五年末には「関東・奥両国」を包摂する広域的な惣無事令を全面展開した。

と、改めて「惣無事令」を位置づけられた。

藤木氏の「惣無事令」は、最初に東国諸領主宛の秀吉直書を根拠に提起された初発の段階から、「九州停戦令」の「惣無事令」への組み込み、「惣無事令」を遡る初令の発見、さらに法源を関白任官に求めるなど、変遷、成長を遂げている。

# 藤木氏「惣無事令」その後

## 諸々の批判と反批判

藤木氏の「惣無事令」論が出たのち、学界ではさまざまな論考が発表された。まず一九九一年、立花京子氏は、「片倉小十郎充て秀吉直書の年次比定」（立花一九九一）という論考で、史料3を天正一四年のものとし、内容は「『関東之儀』の取り次ぎが家康へ転換された事を通告するだけの書状であった」とする。ここでは史料3を天正一五年のものとする藤木説を否定された。つづいて立花氏は、一九九三年の論考「秀吉の天下静謐令」（立花一九九三）で、史料1〜3とも天正一四年のものとされ、「関東・奥惣無事令をその具体策の部分法令とする天下静謐令というべきものの存在認定が史実に合致すると思われる」とされた。

同じ一九九三年、粟野俊之氏は、「東国「惣無事」令の基礎過程」（粟野一九九三）で、史料1〜3を前稿で天正一五年とした点を改められ、天正一四年のものとされた。

ついで一九九四年、藤田達生氏は「国分と仕置令」（藤田一九九四）で、「惣無事令」にかわって豊臣政権の統一政策として「仕置令」を提起し、藤木氏の惣無事令に基づく国分（領地の確定）

理解を批判し、その性格を軍事的制圧による強制執行であるとされた。

一九九五年、鴨川達夫氏は「「惣無事」令関係史料についての一考察」（鴨川一九九五）のなかで、史料1～3を天正一六年のものとされた。

一九九九年、藤田達生氏は「秀吉書札礼にみる豊臣政権像」（藤田一九九九）で史料1～3を天正一四年のものとしたうえで、

関東・奥羽において豊臣色を鮮明にしていた諸大名に対して、本能寺の変以来、関東地域における「惣無事」実現に向けて独自の外交活動を展開していた家康を、このたび秀吉が政権内部に取り込み「取次」に任じたので、その指図に従うように通達したものであった。

（中略）

よってこれらの史料からは、藤木氏のような独自の法令、すなわち関東奥両国惣無事令の令書であるとするような見方は成立しえないのではなかろうか。

と、藤木氏の惣無事令の存在に疑義をなげかけた。

しかし、二〇〇三年、小林清治氏は『奥羽仕置と豊臣政権』（小林二〇〇三）第一章「戦国期

奥羽と織田・豊臣権力」において、これまで紹介してきた諸説を一々批判・検討し、史料1〜3は藤木説どおり天正一五年が妥当とした。

## 「惣無事令」論の否定

二〇〇八年、戸谷穂高氏は、「関東・奥両国「惣無事」と白河義親」（戸谷二〇〇八）で、東国に特有の「惣無事」の内容と性格を検討し、藤木氏が「惣無事の趣旨」としたものをそこから抽出することはできないとされた。

さらに二〇〇九年、これまで天正一四年のものとしてきた史料5は天正一一年のものであることを論じた論考が相次いで発表された。ひとつは佐々木倫朗氏の「当国「惣無事」令の初令について」（佐々木二〇〇九）、もうひとつは竹井英文氏の「戦国・織豊期東国の政治情勢と「惣無事」」（竹井二〇〇九）である。

この二つの論考で、藤木氏が天正一四年のものとしてきた史料5を天正一一年のものと確定し、竹井氏は、それに先立つ一〇月二五日付の家康宛秀吉書状（史料6）を家康から北条氏政に届けられた秀吉書状とした。

**史料6　『武徳編年集成』『豊臣秀吉文書集』八二三号**

従甲州御帰城候間、以一翰申入候、仍信州御手置候、丈夫被仰付候由、肝要存候、兼而又関東ハ無事之儀被仰調候よし被仰越候、乍去于今御遅延に候、如何之義に御座候哉、最前上様御在世之御時、何茂無御疎略方々に候間、早速無事モ被仰調尤候、自然何角延引有之仁御座候ハヽ、其趣被仰越候ハヽ、御談合申、急度其行可有之候、随而日向巣鷹・弟鷹爰元ニハ珍敷候間進上候、従九州近日鷹可上候間、重而可進之候、委細之段西尾小左衛門に可申含候、恐々謹言、

羽柴筑前守
　　　秀吉

十月廿五日（天正一一年）
参河守殿（徳川家康）
　　人々御中

【読み下し文】

甲州より御帰城候あいだ、一翰（いっかん）をもって申し入れ候、よって信州御手置き候、丈夫に仰せ付けられ候由、肝要に存じ候、兼てまた関東は無事の儀仰せ調えられ候由仰せ越され候、去りながら今に御遅延に候、如何の儀に御座候哉、最前上様（織田信長）御在世の御

時、何も御疎略なき方々に候あいだ、早速無事も仰せ調えられ尤に候、自然何角と延引これある仁御座候はば、その趣仰せ越され候はば、御談合申し、急度その御行これあるべく候、随て日向巣鷹・居鷹ここもとには珍しく候あいだ進上候、九州より近日鷹上ぐべく候あいだ、重てこれ進むべく候、委細の段西尾小左衛門(吉次)申し含むべく候、恐々謹言、

竹井氏は、こうした論点を踏まえ、史料4を惣無事令の初令とする藤木説を否定し、「秀吉の「関東惣無事」政策の本質は「秀吉家康が東国に「惣無事」を要請することで信長以来の東国支配の継続を狙ったこと」とした「秀吉の「関東惣無事」政策とは、関白就任や家康の上洛とは関係なく、こうした東国の地域性やその後の政治情勢の展開をもとに、天正一一年に登場した歴史的産物なのである」とし、さらに、

戦国期国分の不安定性の解消という社会的問題の解決を目指し、秀吉が「惣無事の旨趣」を基調とした「惣無事令」なる画期的な法令を発令し、「平和」政策を行ったとする藤木の議論や、天正一四年一〇月の家康上洛により発令された「関東惣無事令」が、秀吉の東国政策の一大画期とする藤木の見解は成り立たない。

とされた。

そして二〇一〇年、私は、こうした成果を踏まえ、「「惣無事」はあれど「惣無事令」はなし」との論考を発表した。以下、それに添って藤木氏の「惣無事令」をめぐる議論を、基本的な史料の解釈を踏まえつつ総括する。

## 一二月三日付秀吉直書（史料1〜3）の性格

### 一二月三日付秀吉直書の読み

まず、史料1〜3にある「惣無事之儀」「被仰付」とあるが、だれがだれに何を仰せ付けたのかを検討しておこう。

藤木氏は、「関東・奥両国迄惣無事之儀、今度家康ニ被仰付条」あるいは「関東惣無事之儀、今度家康ニ被仰付条」を「「惣無事之儀」の執達を徳川家康に命じた」と解釈された。しかし、史料そのものには「執達」という語あるいはそれを意味する語はなく、文言を素直に読む限り、秀吉が家康に「惣無事之儀」（和平）を命じただけで、「惣無事令」の「執達」を命じたものではない。

天正一四年四月一九日付で秀吉が佐竹義重に送った直書（史料5）では、会津の芦名盛重と出羽米沢の伊達政宗との「累年鉾楯」に対し、「早々無事」の「馳走」を佐竹義重に命じたもので、この場合も秀吉は芦名と伊達に和平を直接命じていない。

また天正一六年一〇月二六日付伊達政宗宛徳川家康書状に、

**史料7　『伊達家文書』三九二号**

其表惣無事之儀、家康可申噯旨、従　殿下被仰下候間、御請申、則以使者和与之儀可申噯由存候処、早速御無事之由、尤可然儀候、殊義光之儀、御骨肉之事候間、弥向後互御入魂専要候、将亦羽折一・無上茶三斤進之候、委細玄越口上相含候、恐々謹言、

（天正一六年）
十月廿六日　　　　　　家康（徳川）（花押）

伊達左京大夫（政宗）殿

【読み下し文】

その表惣無事の儀、家康申し噯う（あつか）べき旨、殿下（秀吉）より仰せ下され候あいだ、御請申し、すなわち使者をもって和与の儀申し噯うべき由存じ候ところ、早速御無事の由、尤も然るべき儀に候、殊に義光（よしあき）（最上）の儀、御骨肉のこと候あいだ、いよいよ向後互に御入魂専要に候、はたまた羽折一・無上茶三斤（きん）これを進め候、委細玄越（人名）口上に相含め候、恐々謹言、

とあるように、伊達と最上を含めた周辺領主との抗争に対し、秀吉は家康にその噯いを命じたの

であり、紛争当事者に「惣無事」を命じてはいない。

## 三通の直書の差異

つぎに、秀吉直書の性格について確認すると、史料1～3の冒頭文言には「対某書状遂披見候」とあるように、三通ともそれぞれからの書状を受けて出された返書であり、返書であることの個別性を踏まえれば、そこから「惣無事令」が関東・奥両国の大名領主に一律に伝えられたとする解釈には飛躍がある。

さらに、宛てられた人物と「惣無事」の対象となった領域との関係をみると、下総結城氏の勢力下にあった常陸の多賀谷重経(たがやしげつね)には「関東奥両国迄惣無事之儀」と「奥両国」＝陸奥・出羽の語があるのに対し、陸奥平の岩城氏の麾下(きか)にあった白土右馬助と出羽米沢伊達氏の重臣片岡小十郎には「関東惣無事之儀」とあり、陸奥の白土、出羽の片岡宛にはその領国である「奥両国」はみえず、関東の多賀谷宛にのみ「奥両国」の語があり、そこでは領主・領地と惣無事の対応が成立していない。

とすれば、この直書をもって関東・奥両国を対象として「惣無事令」が豊臣政権の基本政策として出されたとする藤木氏の見解は成立しがたい。

## 「惣無事」の個別性、時事性

### 天正一一年の「惣無事」

天正一一年一〇月二五日付家康宛秀吉書状（史料6）は、止め文言が「恐々謹言」とあるように両者は対等、また宛名にも「人々御中」とあるように秀吉は家康を鄭重に扱っている。そしてこの書状において「兼而又関東者無事之儀被仰調候由被仰越候、乍去于今御遅延ニ候、如何様之儀ニ而御座候哉」と関東の無事を家康が調えるとのことであったが、今に遅延しているのはどのような事情かと問いただし、さらに「最前上様（織田信長）御在世之御時、何茂無御疎略方々ニ候間、早速御無事モ被仰調尤候、自然何角延引有之仁御座候者、其趣被仰越候者、御談合申、急度其御行可有之候」と、無事が調わないときには知らせてくれれば談合し、軍事行動をおこなおうと提案している。すなわち、この時点では関東の無事は、家康の手にあり秀吉の手にはない。

さらに、天正一一年一〇月一五日付北条氏政宛徳川家康書状（史料4）において、家康は、秀吉からの「関東惣無事之儀」についての書状を受け、「惣無事」の一方の当事者である北条氏政に対し、この秀吉書状を朝比奈泰勝（あさひなやすかつ）を使者として届けるので、氏直とともによくよく「御勘弁」

を遂げ、「御報」すなわち返事を戴きたいと申し送った。

ここでも注意したいのは、秀吉が抗争の当事者に「無事」あるいは「惣無事」を命じてはいないことである。北条氏と北関東・南奥の諸大名領主とのあいだの「惣無事」＝和睦を仲介するのは、北条氏にとっては同盟者であり、北条氏と対峙(たいじ)した北関東・南奥の大名領主とも通交のあった家康であった。

もうひとつは、この秀吉による「関東」の「無事」「惣無事」への関与は、秀吉の関白任官以前であったことである。この事実は、「惣無事令」の法源ないし成立の契機を秀吉の関白任官にともなう「領土高権」の掌握に求めてきた藤木氏「惣無事令」論の主張を、否定する。

この北条氏への働きかけは、小牧・長久手の戦いに向かって秀吉と家康とのあいだが険悪になることで成り立つことはなく、家康の手によって「関東」の「惣無事」が調うことはなかった。

## 伊達・芦名間の「無事」と佐竹義重の「馳走」

天正一四年四月一九日、秀吉は常陸の佐竹義重に直書（史料5）を送った。この直書の冒頭に「去月七日返札到来」とあることと、当時東国から京都へ書状が届くに要する時間とから、秀吉は、天正一三年末か一四年はじめに佐竹義重に書状を送ったことが想定できる。そしてその秀吉書状に対し、佐竹義重は、三月七日付で秀吉に返書を送り、それを四月半ばに受け取った秀吉が、四月一九日付で佐竹義重に書状を送ったのである。

そのなかで、三月七日付の義重の返書で報じられた「会津（芦名盛重）与伊達（政宗）、累年鉾楯」について、秀吉は「天下静謐」のなかで、それを言われざる「題目」とし、「早々無事」の「馳走」を義重に求めた。その場合の条件として「境目」は「当知行」とし、「存分」がある場合には使者を派遣するとし、さらに秀吉みずからの出馬を匂わせている。

この一件で、秀吉は、伊達政宗と芦名盛重との「無事」は佐竹義重が「馳走」するものとし、秀吉自身が伊達・芦名両者に「無事」を直接に命じていない。さらにここでの「無事」は、伊達・芦名間の抗争という個別案件に対して秀吉が求めたもので、関東・奥両国の大名一般を対象としたものではなく、あくまで個別的、時事的なものであったことである。

## 家康の上洛と「関東之儀」委任

天正一三年末、家康とのあいだで人質交渉が進展しないなか、秀吉は、家康「成敗」のため軍事動員の準備に取りかかり、天正一四年正月九日には、みずから二月一〇日に出馬することを、真田昌幸や上杉景勝に報じた。こうした動きに対し織田信雄が両者を仲介し、両者の「入魂」「無事」がなる（秀吉側では家康「赦免」）。さらに同年一〇月の家康の上洛によって、家康の秀吉への臣従が確定した（第三講参照）。

天正一四年一一月四日付上杉景勝宛の書状で、秀吉は、「家康上洛候て令入魂、何様にも関白殿（秀吉）次第与申候」と、家康の上洛、家康との「入魂」、家康がなにごとも秀吉次第と申し述べたことを報じるとともに、「関東之儀、家康と令談合、諸事相任之由、被仰出候」と、「関東之儀」を家康と談合し、「諸事」について家康に任せたことを申し送った。

また同日付の景勝に宛てたもう一通の書状のなかで、秀吉は、「家康右之分候へハ、関東へ之人数（軍勢）も不差越、無事ニ可仕候由、家康へ被仰出候」と、関東への軍勢派遣を取り止め、「無事」が実現するよう家康に仰せ出されたとも述べている。すなわち、秀吉は、「関東之儀」「無事」を家康に任せたのである。

その様相は、つぎにあげる天正一五年二月二四日付上杉景勝宛の秀吉直書から、よりくわしく知ることができる。

**史料8**　「**上杉文書**」『**豊臣秀吉文書集**』二一〇四号

去二日書状、加披見候、関東無殊儀之由被申越候、然者八州儀、最前家康上洛刻、具被仰聞候間、定而御請可申候、自然北条相背御下知、佐竹・宇都宮・結城へ於相動者、従此方可被仰聞間、後詰可有之用意可被申付候、猶石田治部少輔・増田右衛門尉・木村弥一右衛門尉可申候也、

（天正一五年）二月廿四日（花押）（秀吉）

上杉少将（景勝）とのへ

【読み下し文】

去二日の書状、披見を加え候、関東殊なき儀の由申し越され候、然らば八州の儀、最前家康（徳川）上洛の刻、具（つぶさ）に仰せ聞かされ候あいだ、定めて御請申すべく候、自然北条御下知に相背き、佐竹（さたけ）（義重（よししげ））・宇都宮（うつのみや）（国綱（くにつな））・結城（ゆうき）（晴朝（はるとも））へ相働くにおいては、この方より仰せ聞かさるべきあいだ、後詰（ごづめ）あるべきの用意申し付けらるべく候、なお石田治部少輔（三成）・増田右衛門尉（ましたうえもんのじょう）（長盛（ながもり））・木村弥一右衛門尉（吉清（よしきよ））申すべく候なり、

すなわち、二月二日付で景勝より「関東無殊儀」の報告を受けた秀吉は、「八州儀」＝関東のことは、家康が上洛したおりにくわしく仰せ聞かされたので、きっと家康はそれを「御請」になるだろう。万一、北条氏が秀吉の「御下知」に背き、佐竹・宇都宮・結城らを攻めるならば、秀吉から直接仰せきかせるので、そのときの軍事動員にあたっての後詰の用意をするようにと申し

送った。

ここでも関東の無事は、秀吉から家康に委ねられており、秀吉が北条氏を含めた関東の諸大名領主に直接「無事」を命じてはいない、さらに秀吉の直接介入は、北条氏がそれを受け入れない場合になされることが、確認できる。

なお、一連の景勝宛の秀吉書状の文面から、秀吉と家康の関係は、家康が上洛し秀吉に臣下の礼をとったものの、秀吉が圧倒的優位な立場を確定したわけではなく、家康への相当の気遣いがみられる。このことは、「関東之儀」に、家康を差し置いて、秀吉が直接介入しがたかったことが反映したと推測される。

## 伊達・最上らの「惣無事」と家康の「曖」

先にあげた天正一六年一〇月二六日付伊達政宗宛徳川家康書状（史料7）には、「其表惣無事之儀」を家康が「曖（あつか）」うよう秀吉から命じられたので、それを「御請」したこと、そこで使者を派遣して「和与」を「曖」おうと思っていたところ、「無事」が調ったとのこと、もっともなことである、ことに最上義光とのあいだは「御骨肉之事」であるのだから「御入魂」であることが肝要である、というものである。

「其表惣無事」は、最上・芦名・佐竹らと伊達との和睦・講和を指しており、奥両国の「惣無事」一般ではない。また、先述のごとく「其表惣無事」は秀吉から家康に命じられたもので、秀吉が直接に伊達や芦名に命じたものでない。さらに、この場合も、秀吉から家康への「惣無事」の「申嗳」の命も、一方的なものではなく、家康が請けることを前提としており、秀吉と家康の微妙な関係を示すと同時に、この一件が個別的、時事的なものであったことを示している。

秀吉がかかわった東国の「惣無事」「無事」は、天正一一年は北条氏と北関東・南奥の大名領主たちとのあいだの「惣無事」であり、天正一四年のひとつめは伊達と芦名の「無事」であり、二つめは天正一一年と同様、北条氏と北関東・南奥の大名領主たちとのあいだの「惣無事」であり、天正一六年は伊達と最上らとのあいだの「惣無事」であり、それぞれは個別的かつ時事的なもので、藤木氏が想定された「惣無事令」のごとく、広く公布され持続的に地域の大名領主を拘束した「令」ではない。

## 藤木氏の「惣無事令」に跛行・逸脱する政策

ここでは、「惣無事令」が政権の政策基調であるとした場合、その路線とは異なる、跛行あるいは逸脱する動きを検証し、「惣無事」の「令」としての存在を否定することを目的に、天正一四年の二つの事例を検討する。

### 天正一四年の真田処分

秀吉と真田昌幸との関係は、天正一三年、真田昌幸から、「道茂」への書状によってはじまり、それを受けて同年一〇月一七日、秀吉は真田昌幸に対し、「其方進退之儀、何之道ニも不迷惑様ニ可申付候間、可心易候」と、申し送った（第三講史料8、九五ページ）。

そして同年一一月一九日、家康との人質交渉の挫折を受けて、「家康成敗」に決した秀吉は、真田昌幸に対し、翌年正月一五日以前のみずからの出馬を報じるとともに、小笠原貞慶・木曽義昌と「信州・甲州両国之儀」を「相談、諸事申合」わすよう命じ（第三講史料5、八八ページ）、真田昌幸らが家康包囲網の一翼を担うことを期待した。

さらに翌天正一四年正月八日には、正月中に「先勢」を「差遣」わし、二月二〇日ころにはみずから出馬することを伝え、四国・西国の軍勢動員、兵粮確保、さらに「無人」である真田・小笠原の軍勢について「率爾之動」をしないよう指示した。

先述のごとく、この秀吉と家康の抗争は、天正一四年正月末には、織田信雄の仲介で「和与」「無事」が成立する。そこで秀吉は、同年二月三〇日、真田昌幸に、家康を赦(ゆる)したこと、「信州各儀」も「関白存分」となったので、「矢留」をするよう申し送った。

この後、秀吉と家康とのあいだで家康の上洛を含む具体的な講和交渉が進められるが、その過程で、家康による「真田成敗」が秀吉によって承認される。この件を、秀吉は、家康につぎのように報じた。

**史料9 「唐津小笠原文書」『豊臣秀吉文書集』一九二九号**

条々

一真田為成敗人数被差遣由候、手堅可被申付儀、専一之事、

一真田知行之内、自越後人数入置所二三ケ所も可有之、其段も此方より請取候者被仰付、何も境目等事、定而被遣上使可被相立候、越後へも右通被仰遣候条、真田為合力人数を出

候事有間敷候間、被得其意、越後より人数入置所、手さし有間敷候事、
一小笠原幷木曾事、此方より相副使者候歟、不然者其方上洛之時可引合候間、可被得其意候、
両人持分、内々下々かせき仕候由候、さ様之段猥無之様、堅可被申付候事、
右道茂申含差遣候間、能々可被聞届候也、
八月六日（天正一四年）　御在判（秀吉）
徳川参河守（家康）とのへ

【読み下し文】

条々

一つ、真田成敗のため人数差し遣わさる由候、手堅く申し付けらるべき儀、専一に候こと、
一つ、真田知行の内、越後より人数入れ置く所二三ケ所もこれあるべし、その段もこの方より請け取り候者仰せ付けられ、何も境目等のこと、定めて上使を遣わされ、相立てらるべく候、越後へも右の通仰せ遣わされ候条、真田合力として人数を出し候ことあるまじく候あいだ、その意をえられ、越後より人数入れ置く所手さしあるまじく候こと、
一つ、小笠原(貞慶)ならびに木曽(義昌)こと、この方より使者を相副え候歟、然らずばその方上洛の時引き合わすべく候あいだ、その意を得らるべく候、両人持分、内々下々

かせき仕り候由候、さ様の段猥(みだ)りにこれなきよう堅く申し付けらるべく候こと、
右道茂に申し含め差し遣し候あいだ、よくよく聞き届けらるべく候なり、

ここでは、家康に真田「成敗」のための「人数」軍勢派遣を承認し、それを手堅く申し付けることを「専一」としている。ただし、真田の知行地のうち信濃で上杉景勝が「人数」を入れている二、三か所の城については秀吉側で受け取り、「境目」などは改めて「上使」を遣わして決めるので、その地への家康側からの「手さし」はしないようにと申し送った。

家康の家臣水野宗兵衛宛の書状では、秀吉側で受け取ったうえで、「家康可任存分候」と約束している。この後、上杉景勝側からの働きかけがあり、家康による真田成敗は、秀吉によって中止される。

この一件で注目したいのは、この年の初めまで家康包囲網の一端を形成していた真田昌幸を、家康との講和交渉の過程で切り捨て、家康に敵対した真田昌幸の家康による「成敗」を容認している点である。この秀吉の対応は、紛争当事者への停戦命令、両者の言い分を聞いたうえでの公儀としての裁定という、藤木氏のいう「惣無事令」という豊臣政権の政策基調を大きく逸脱するものであり、ここでは「惣無事令」は貫徹していない。

## 越後新発田問題

もう一例は、越後の新発田(しばた)氏への秀吉・豊臣政権の対応である。上杉景勝は、天正九年以来敵対する中越の新発田重家を軍事的に制圧しようとするが、芦名義広らの支援を受けた新発田氏は、たび重なる上杉勢の攻撃にも耐え、容易には屈服しない。

新発田氏を落とすことができないなか、景勝は天正一四年五月に上洛、大坂で秀吉に謁見し、秀吉への臣従を明確なものとした。この時点では、秀吉の家康「成敗」は中止されていたものの、なお人質や家康の上洛をめぐって両者の緊張状態がつづいている段階である。

こうした情勢のなか、同年九月六日、秀吉は上杉景勝に対し、つぎのような書状を送った。

**史料10　「上杉文書」『豊臣秀吉文書集』一九五二号**

新発田幷沼田表之儀ニ付而、委細申含、木村弥一右衛門尉差遣候間、被得其意、分別肝要候、国ニ敵対候者少も有之者、天下之外聞云、又関東之為ニ候条、何之道ニも国を一篇ニ可被申付候儀可然候、猶以、此度弥一右衛門尉被留置、平均可被申付候、返事待入候也、

九月六日（花押）（天正一四年）（秀吉）

上杉少将（景勝）とのへ

【読み下し文】

新発田ならびに沼田表の儀について、委細申し含め、木村弥一右衛門尉(吉清)差し遣し候あいだ、その意を得られ、分別肝要に候、国に敵対候者少しもこれあらば、天下の外聞と云い、また関東のために候条、何の道にも国を一篇に申し付けらるべく候儀然るべく候、なおもってこのたび弥一右衛門尉留め置かれ、平均申し付けらるべく候、返事待ち入り候なり、

この書状から、秀吉は「新発田幷沼田表之儀」のために木村吉清を派遣したこと、その理由として「国」(越後)で敵対するものがあるようでは「天下之外聞」においても「関東之為」にも良くないので、どのようにしても「国」の「一篇」＝統一が必要であるとした。しかし、ここからは秀吉が具体的にどのようにしようとしていたかを窺うことはできない。

九月六日の秀吉書状とすれ違って景勝から秀吉に八月一〇日付の書状が九月二五日に届き、即日、秀吉は上杉景勝につぎのような書状を送った。

**史料11 「上杉文書」『豊臣秀吉文書集』一九六五号**

八月十日書状、今日廿五到来、加披見候、新発田表へ被相動、被取詰之由尤候、何之道にも、急度一着候様与思召、木村弥一右衛門尉被仰含、被差遣候、被得其意、分別肝要候、将又、真田事、先書ニ如被仰遣候、表裏者候間、御成敗之儀、家康雖被仰出候、此度之儀、先以相止候、次関東其外隣国面々事、入魂次第、可被申次由、猶別紙申顕候也、

（天正一四年）九月廿五日　（秀吉）（花押）

（景勝）上杉少将とのへ

【読み下し文】

八月十日の書状、今日廿五到来、披見を加え候、新発田表へ相動かれ、取り詰めらるの由尤（もっとも）に候、何の道にも、急度（きっと）一着候様と思し召し、木村弥一右衛門尉（吉清）仰せ含められ、差し遣わされ候、その意をえられ、分別肝要に候、はたまた真田（昌幸）こと、先書に仰せ遣わされ候ごとく、表裏者に候あいだ、御成敗の儀、家康（徳川）仰せ出され候といえども、この度の儀、先ずもって相止め候、次に関東その外隣国の面々のこと、入魂次第、申し次がるべき由、なお別紙申し顕わし候なり、

ここでは、まず上杉景勝の新発田攻めを認め、それが「一着」するものと期待を述べる一方、

先の書状で示した木村吉清の派遣とその指示による「分別」を肝要と繰り返し申し伝え、さらに「関東其外隣国面々」に対し「入魂次第」「申次」ぐべきことを命じている。

この秀吉の書状からも、木村派遣の意図や内容をなお知ることはできない。しかし、この間の事情は、家康が上洛した直後、新発田氏が攻め落とされた後の同年一一月四日付で景勝に秀吉が送った書状から窺える。

**史料12　「上杉文書」『豊臣秀吉文書集』二〇一〇号**

就関東面之儀、森(木村)弥一右衛門尉差遣候、則新発田事、被免置、国一篇ニ有之而、関東へ動之刻、人数等一廉可被連儀、可然候と被仰出候之処、被得其意、新発田可被免ニ被相定由、木村弥一右衛門尉懇申候、但、以一書、新発田致物好由、木村具申上候、然者、家康右之分候へハ、関東へ之人数も不差越、無事ニ可仕候由、家康へ被仰出候条、此上者新発田儀可被討果事、専一候、物好之段者、景勝計ニ非申様候、彼下人之緩怠者之儀候条、年月を被送候ても、新発田事者可被刎首候、是以後、何たる儀申越候共、八幡大菩不可許容候、其方之為を被思召ニ付而、国を一篇ニ有度と被思召候而、新発田侘言之儀、折々被仰出候つる、更新発田を不便とも不思召候、可被成其意候、猶増田右衛門尉・石田治部少輔・木村弥一右衛門尉

可申候也、

十一月四日（天正一四年）　（花押）（秀吉）

上杉少将（景勝）とのへ

【読み下し文】

関東面の儀について、木村弥一右衛門尉（吉清）差し遣し候、すなわち新発田（重家）こと、免し置かれ、国一篇にこれありて、関東へ動の刻、人数等一廉連れらるべき儀、然るべく候と仰せ出され候の処、その意を得られ、新発田免じらるべきに相定めらる由、木村弥一右衛門尉懇に申し候、ただし一書をもって、新発田物好いたすの由、木村具に申し上げ候、然らば家康（徳川）右の分に候へは、関東への人数も差し越さず、無事に仕るべく候由、家康へ仰せ出され候条、この上は、新発田儀討ち果たさるべきこと、専一に候、物好の段は、景勝（上杉）ばかりにて申すにあらざる様候、彼の下人の緩怠ものの儀に候条、年月を送られ候ても、新発田ことは、首を刎ねらるべく候、これ以後、何たる儀申し越し候とも、八幡大菩許容すべからず候、その方のためを思し召さるについて、国を一篇にありたくと思し召され候て、新発田侘言の儀、折々仰せ出され候つる、更に新発田を不便とも思し召さず候、その意をなさるべく候、なお増田右衛門尉（長盛）・石田治部少輔（三成）・木

村弥一右衛門尉申すべく候なり、

ここには、「関東之儀」について木村を派遣したこと、新発田についてはそれを「免置」かれ、「国一篇」にし、「関東」への軍事動員のとき「人数」を「一廉」連れられるのがしかるべきとする秀吉の意図が開陳されている。結局、新発田討ち果たしを命じたこの書状の後半でも、言い訳がましく「其方之為を被思召ニ付而、国を一篇ニ有度と被思召候而」と述べている。

しかし、この交渉の過程で新発田が「物好」きをしたこと、さらにいまや家康が上洛し、秀吉に臣従し、「関東へ之人数」を「差越」す事態は去ったいま、「物好」きをする新発田を「討果」されることは「専一」だと、景勝の新発田討伐を容認するのであった。

ここには、藤木氏の豊臣政権の政策基調たる「惣無事令」の姿は確認できない。

## おわりに

藤木氏は、東国諸領主にあてた一二月三日付の直書に「惣無事令」を発見し、「これらの秀吉直書の要旨をかりに惣無事令と略称し」と提案した。しかしこの直書自体の「要旨」は、家康に「関東奥両国迄惣無事之儀」あるいは「関東惣無事之儀」を命じたこと、違背するものは成敗する旨を伝えたものであり、それ以上ではなく、「令」とは言いがたい。にもかかわらず藤木氏は、それを「ひろく関東・奥羽にわたる天下一統の実現をめざして発した大きな停戦命令」と、広域的、持続的性格をもつ「令」へとさらに拡大解釈した。ここに、藤木氏の「惣無事令」論の最大の問題点があった。

戸谷穂高氏・竹井英文氏がいうように、「惣無事」という用語は「和睦」「和与」の意で、東国のこの時期特有のものであり、藤木氏がいう「惣無事令の趣旨」を内容としていない。また、秀吉の直書にある「惣無事之儀今度家康ニ被仰付候」の意は、家康に抗争当事者間の和睦の仲介を命じたもので、藤木氏がいう「「惣無事之儀」の執達を徳川家康に命じた」ものではなく、かつ秀吉は抗争当事者にみずから「惣無事」を命じてもいない。

さらに、秀吉の直書は、石田三成や富田一白への書状への返書としての性格をもつもので、関東・奥羽に「ひろく」出されたものでもなく、地域的にもすべてが対応するものでもない。

秀吉がかかわった「惣無事」を検討した結果、それぞれが個別的、時事的なものであり、藤木氏が想定された広域的かつ持続性のある「令」の姿は確認できない。また、竹井氏の論証によって、これまで天正一四年とされ「惣無事令」の根拠とされてきた北条氏政宛の徳川家康書状が、秀吉の関白就任以前の天正一一年のものと確定されたことから、「惣無事令」のもつ「領土高権」の掌握が秀吉の関白就任によるとする藤木氏の理解は、否定されきらないまでも変更を余儀なくされる。

さらに、藤木氏の「惣無事令」を前提としたとき、それに跛行・逸脱するの事例があることを、「真田成敗」「新発田問題」で論じ、そのことをつうじて広域的、持続的な「令」の存在に疑問を投げかけた。

藤木氏の「惣無事令」論は、中世社会から近世社会への転換を「平和令」をキーワードにダイナミックに描いたことで、多くの人びとを魅了してきたが、以上述べてきたように、歴史的事実として「惣無事」という用語はあるが、藤木氏が概念化した「惣無事令」は存立しえないと考える。

今後、「惣無事令」ではなく「惣無事」を、秀吉の天下統一過程のなかにいかに位置づけるかが課題として残されるとともに、藤木氏が「惣無事令」を提起するにあたってそもそも課題とした豊臣政権の歴史的位置の解明も、より大きな課題となろう。

【参考文献】

・粟野俊之「東国「惣無事」令の基礎過程」永原慶二編『大名領国を歩く』（吉川弘文館、一九九三年）所収。
・鴨川達夫「「惣無事」令関係史料についての一考察」『遥かなる中世』一四、一九九五年。
・小林清治『奥羽仕置と豊臣政権』吉川弘文館、二〇〇三年。
・佐々木倫朗氏「当国「惣無事」令の初令について」荒川善夫他編『中世下野の権力と社会』（岩田書店、二〇〇九年）所収。
・竹井英文「戦国・織豊期東国の政治情勢と「惣無事」」『歴史学研究』八五六、二〇〇九年。
・立花京子「片倉小十郎充て秀吉直書の年次比定」『戦国史研究』二二、一九九一年。
・立花京子「秀吉の天下静謐令」『戦国史研究』二五、一九九三年。
・戸谷穂高「関東・奥両国「惣無事」と白河義親」村井章介編『中世東国武家文書の研究』（高志書院、二〇〇八年）所収。
・永原慶二『日本の中世国家』ＮＨＫ大学講座のテキスト、日本放送出版会、一九八〇年。
・藤井讓治「「惣無事」はあれど「惣無事令」はなし」『史林』九三―三、二〇一〇年。
・藤木久志「『関東・奥両国惣無事』令について」杉山博先生還暦記念会編『戦国の兵士と農民』（角川書店、一九七八年）所収。

・藤木久志「豊臣政権の九州国分令について」『豊田武博士古稀記念日本中世の政治と文化』（吉川弘文館、一九八〇年）所収。藤木久志『豊臣平和令と戦国社会』再録。
・藤木久志「惣無事令のこと―永原説によせて―」『戦国史研究』二、一九八一年。
・藤木久志「豊臣惣無事令と上野沼田領問題」『群馬県史研究』一七、一九八三年。
・藤木久志『豊臣平和令と戦国社会』東京大学出版会、一九八五年。
・藤木久志「東国惣無事令の初令」『かみくいむし』六〇、一九八六年。
・藤木久志「惣無事」『日本史大事典』小学館、一九九三年。
・藤田達生「豊臣期国分に関する一考察」『日本史研究』三四二、一九九一年。
・藤田達生「豊臣政権と国分」『歴史学研究』六四八、一九九三年。
・藤田達生「国分と仕置令」『ふびと』四六、一九九四年。
・藤田達生「秀吉書札礼にみる豊臣政権像」『日本史研究』四三七、一九九九年

第五講

# いわゆる「身分統制令」はなにをめざしたのか

## はじめに

これまでの中世から近世への移行期の研究では、両者の連続あるいは断絶という相異なる捉え方がある。しかし、いずれの立場に立っても、近世的要素が、時とともに、徐々に、また時には一気に、しかもそれが一定の方向性をもって進み深化していくと理解してきた。だが、江戸期には必ずしも繋がらない、また中世とも異なる豊臣期固有の権力編成や社会編成を想定することができるのではないかと考えてみた。

ここでは、その素材としていわゆる教科書などで「身分統制令」といわれてきた秀吉の「定(さだめ)」を軸に、「奉公人」という身分について分析する。

もっとも採択率の高い高等学校の教科書である『詳説日本史』(山川出版社、一九八四年検定済み)には、

さらに一五九一(天正一九)年に身分統制令をだして農民が商人になることや、武士が町人・百姓になることを禁止した。こうして江戸時代の士農工商の身分制度の基礎が固められた。

とする。また『詳解日本史』（三省堂、一九八九年検定済み）では、

ついで一五九一（天正一九）年には身分統制令を出して、武士が町人・農民になることや、農民が耕地を捨てて商業や賃かせぎに従事することを禁じ、翌年には戸数・人数を調べる戸口調査（人掃（ひとばらい））を全国に実施した。こうして下剋上（げこくじょう）の風潮にとどめがさされ、兵農分離が進み、強固な身分制度の基礎がつくられた。

とする。

この時期までの教科書は、天正一九年の身分統制令は、武士が町人・百姓になること、百姓が町人になることを禁止し、それが近世の身分制度の基礎となったとしてきた。

ところがこれ以降の教科書をみると、一九九〇年検定済みの『詳説日本史』（山川出版社）では、

ついで一五九一（天正一九）年、秀吉は人掃令を出して、武家奉公人（兵）が町人・百姓になることや、百姓が商人・職人になることなどを禁じ、翌年には関白豊臣秀次が朝鮮出兵

の人員確保のために前年の人掃令を再令し、武家奉公人・町人・百姓の職業別にそれぞれの戸数・人数を調査・確定する全国的な戸口調査をおこなった。その結果、諸身分が確定することになったので、人掃令のことを身分統制令ともいう。

と、これまで身分統制令といってきた秀吉定を「人掃令」と呼び、かつ武士ではなく武家奉公人が町人・百姓になること、百姓が町人・職人になることを禁止し、翌年豊臣秀次が朝鮮出兵の人員確保のために人掃令を再令し、武家奉公人・町人・百姓の職業別にそれぞれの戸数・人数を調査・確定する全国的な戸口調査をおこない、その結果諸身分が確定することになったとする。

では、一九九〇年を境として、天正一九年八月二一日付の秀吉定、いわゆる「身分統制令」の解釈はどうして大きく変化したのであろうか。

# 天正一九年八月二一日付秀吉定

## 「身分統制令」の全文

まず、「身分統制令」と呼ばれてきた法令の全文を「立花家文書」からあげよう。この秀吉の定（さだめ）は、「立花家文書」のほかにも五通残されている。

**史料1　「立花家文書」『豊臣秀吉文書集』三七三七号**

定

一奉公人、侍・中間・小者・あらしこに至るまて、去七月奥州へ御出勢より以後、新義に町人・百姓になり候もの有之ハ、其町・地下人として相改、一切をくへからす、若かくしをくニ付てハ、其一町一在所可被加御成敗事、

一在々百姓等、田畠を打捨、或ハあきなひ、或ハ賃仕事に罷出之輩有之ハ、其ものゝ事ハ不及申、地下中可為御成敗、幷奉公をもつかまつらす、田畠も不作もの、代官給人として堅相改、をくへからず、若於無其沙汰者、給人過怠にハ其在所めしあけらるへし、為町人・

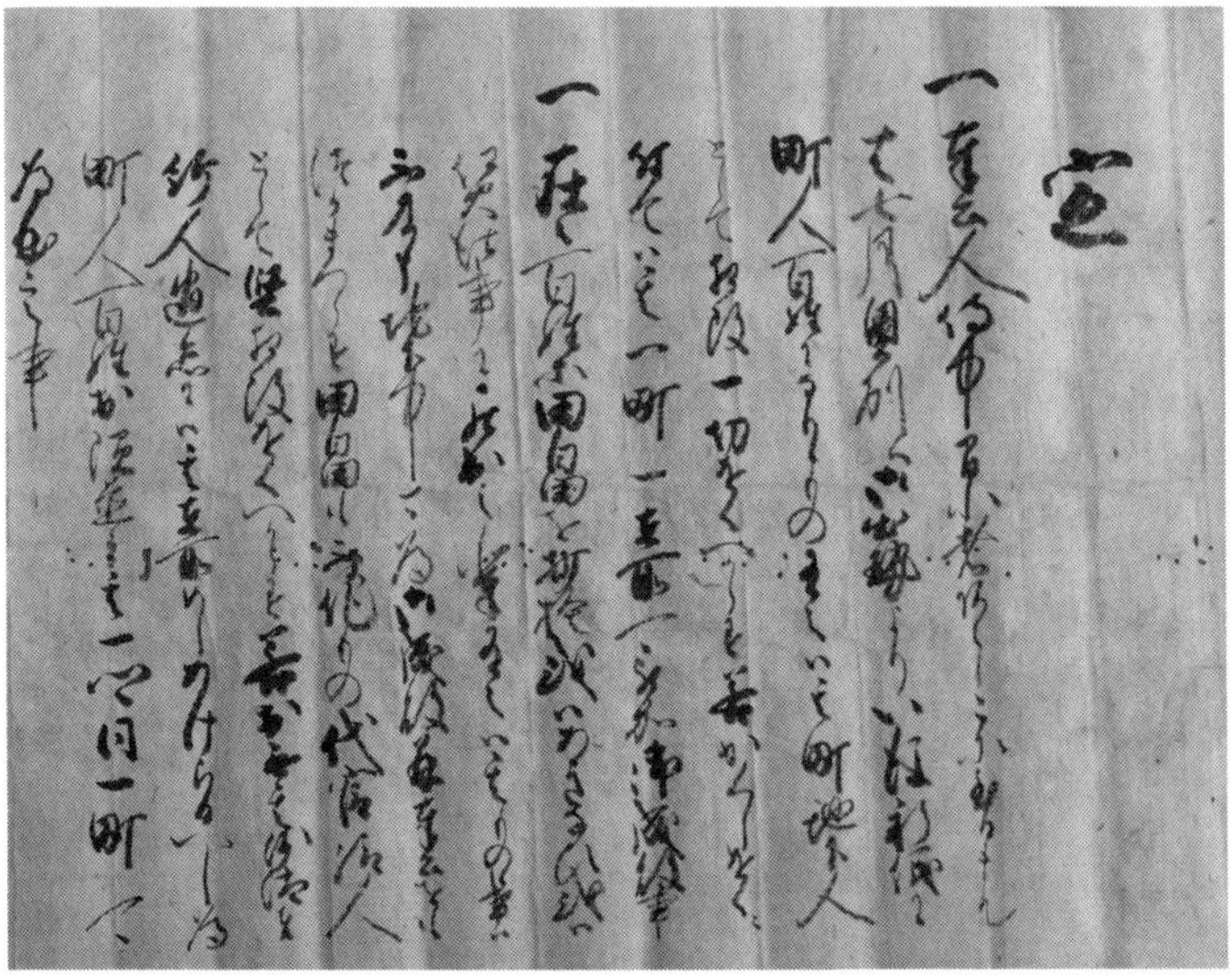

天正19年(1591)8月21日付豊臣秀吉朱印定(立花家史料館蔵)　第一条目に「奉公人、侍・中間・小者・あらしこ」とみえる。末尾の「天正十九年八月廿一日」の下部の印章は豊臣秀吉の朱印である。

百姓於隠置者、其一郷・同一町可為曲言事、

一侍・小者によらす、其主にいとまをこハす罷出之輩、一切かゝゆへからす、能々相改、請人をたて可置事、但右之ものに主人有之て、於相届者、互事候之条、からめ取、まへの主之所へ可相渡、万一此御法度を相背、自然其ものにかし候ニ付てハ、其一人之代ニ三人首をきらせ、相手の所へあひわたさせらるへし、三人之人代不申付にをひてハ、不被及是非之条、其主人を可被加御成敗事、

右条々、所被定置如件、

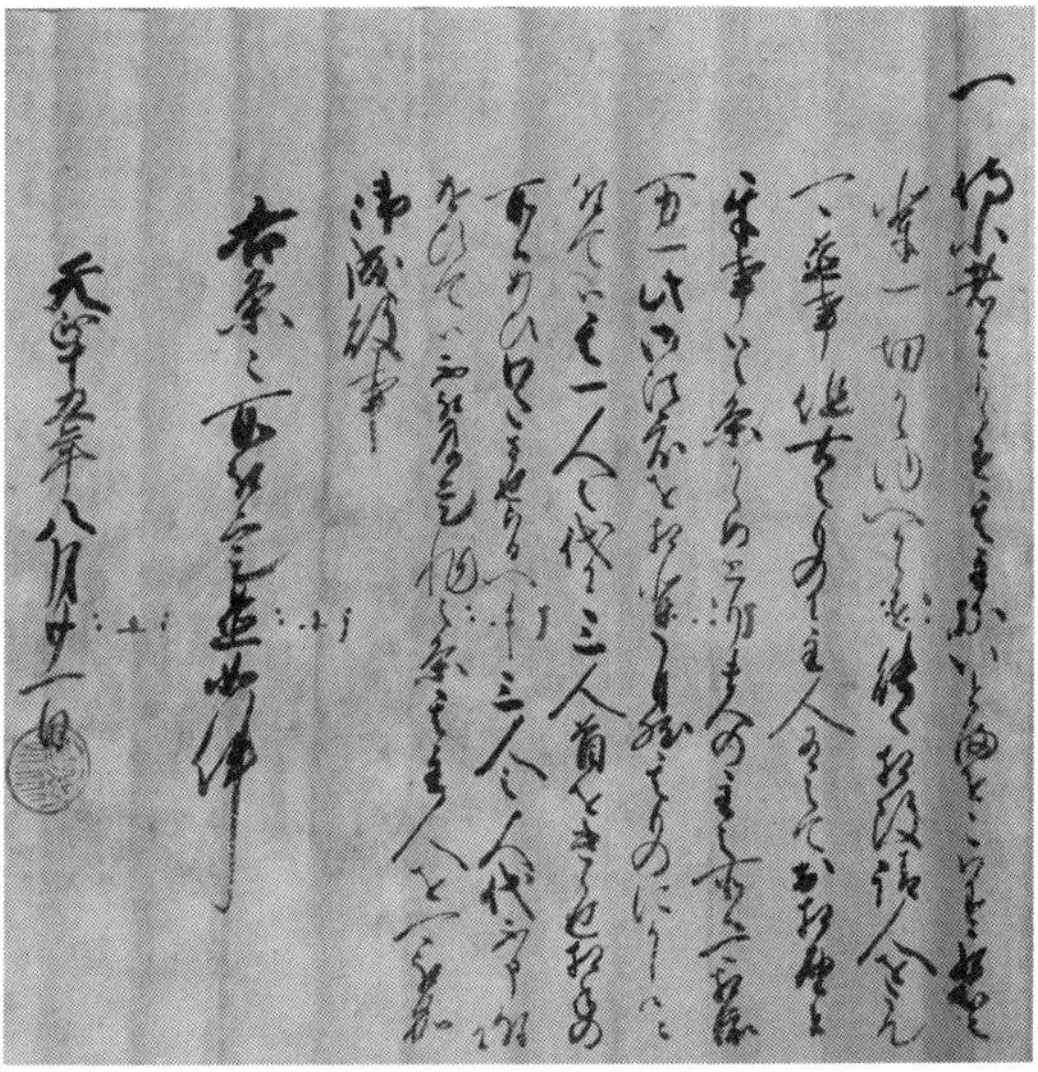

天正十九年八月廿一日　（朱印）（秀吉）

【読み下し文】

定

一つ、奉公人、侍・中間・小者・荒子（あらしこ）に至るまで、去る七月奥州へ御出勢より以後、新義に町人・百姓になり候ものこれあらば、その町・地下人として相改め、一切置くべからず、もし隠し置くについては、その一町一在所御成敗を加えらるべきこと、

一つ、在々百姓等、田畠を打ち捨て、あるいは商い、あるいは賃仕事にまかり出ずるの輩これあらば、そのもののことは申すに及ばず、地下中ご成敗たるべし、ならびに奉公をも仕らず、田畠もつくらざるもの、代官・給人としてかたく相改め、置くべからず、もしその沙汰なきにおいては、給

人過怠にはその在所召し上げらるべし、町人・百姓として隠し置くにおいては、その一郷・同一町曲言たるべきこと、

一つ、侍・小者によらず、その主に暇を乞わずまかり出ずるの輩、一切拘うべからず、よくよく相改め、請人をたて置くべきこと、ただし右のものに主人これありて相届くるにおいては、互いのこと候の条、からめ取り、前の主の所へ相渡すべし、万一この御法度を相背き、自然そのもの逃がし候については、その一人の代に三人の首をきらせ、相手の所へあい渡させらるべし、三人の人代申し付けざるにおいては、是非に及ばれざるの条、その主人を御成敗を加えらるべきこと、

右の条々、定め置かるところ、件のごとし、

天正一九年八月二一日付の秀吉の朱印で出されたこの定は、宛名をもたない法令である。その内容は、第一条目で、侍・中間・小者・荒子にいたるまで奉公人については、去る七月の奥州へ御出勢より以後に新たに町人や百姓になったものがいれば、その町中・地下人として改め、一切、町や村においてはならない、もし隠したときには、その一町一在所に御成敗を加えるとする。

ここに示した解釈は、一九八四年、高木昭作氏が「所謂「身分法令」と「一季居」禁令」（高

木一九八四）で示された理解に基づいている。高木氏は、従来、「奉公人侍中間小者あらし子(荒)に至るまで奉公人」を武士とみなし、武士が町人・百姓となることを禁じたものとされてきたのに対し、「侍・中間・小者・あらし子(荒)」は「奉公人」の範囲を明示したもので、武家一般を指すものではないことを論証された。その結果、先に述べた高等学校の教科書の記述が変更されたのである。

第二条では、在々の百姓らで田畠を打ち捨て商いや賃仕事に出るものがあれば、本人はいうに及ばず、地下中も成敗する、また奉公もせず、田畠もつくらないものは、代官・給人が改め、村に置いてはならない、もしそのようにしないときは、給人を過怠としてその領地を召し上げる、町人・百姓として隠したときにはその一郷一町を処罰する。

第三条では、侍・小者にかかわらず、主人に暇乞いせずに退去したものは一切抱えてはならない、よくよく改め、請人を立てること、主人がありその届けがあるものは、互いのことであるので、搦(から)め取(と)り、前の主人へ渡すように、もしこの法度に背き、万一そのものを逃がした場合には、一人の代に三人の首を切らせ、相手に渡すように、三人の人代を申し付けなければ、是非に及ばず、その主人を成敗する。

すなわちこの定は、第一条で奉公人の町人・百姓となることを、第二条で百姓が商いや賃仕事に出ることと、奉公をせず田畠を作らないものを村に置くことを、第三条で暇乞いなく主人のもとを退去したものの召し抱えを禁じている。

いずれの箇条においても、改めを怠るものを含めたきびしい罰則が明示されている。全体としていかに奉公人の移動を制限し、それを確保しようとしているかを示している。

## 「人掃令」について

### 天正二〇年三月六日付安国寺恵瓊・佐世元嘉連署状

つぎにあげる三月六日付安国寺恵瓊・佐世元嘉連署状は、「人掃令」に関する史料としてこれまで注目され、そこでの年紀記載とその内容をめぐってさまざまに論じられてきた史料である。ここでは久留島典子氏の「『人掃令』ノート――勝俣鎮夫氏の所論によせて――」（久留島一九九三）に拠りながら検討していく。

**史料2　『吉川家文書』二―九七五号**

急度申候、
一従当　関白様六十六ケ国へ人掃之儀　被仰出候之事、
付、中国御拝領分ニ岡本次郎左衛門・小寺清六被成御下、広島御逗留之事、
一家数人数男女老若共ニ一村切ニ可被書付事、
付、奉公人ハ奉公人、町人ハ町人、百姓者百姓、一所ニ可書出事、但書立案文別紙遣之候、

一他国之者他郷之者不可有許容事、
付、請懸り手有之ハ、其者不可有聊爾之由、血判之神文を以可被預ケ置事、
付、他国衆数年何たる子細にて居住と可書載候、去年七月以来上衆人を可憑と申候共
不可有許容事、
一広島私宅留守代、并在々村々ニ被置候代官衆之書付、至佐与ニ可被指出事、
一御朱印之御ケ条、并地下究之起請案文進之候、引合無相違様ニ可被仰付事、
右之究於御延引者、彼御両人直ニ其地罷越、可致其究之由、一日も早々家数人数帳ニ御作候て可有御出候、於御緩者、其地下〳〵へ可為御入部之由候之間、為御届こま〳〵申達候、已上、
天正十九年
三月六日　安国寺
佐世与三左衛門（元嘉）（花押影）
（押紙）「広家奉行」
粟屋彦右衛門尉殿
桂　左馬助殿

【読み下し文】

急度申し候、

一つ、当関白様(秀次）より六十六ケ国へ人掃の儀仰せ出され候のこと、付けたり、中国御拝領分に岡本次郎左衛門・小寺清六御下しなされ、広島御逗留のこと、

一つ、家数人数男女老若ともに一村切りに書付らるべきこと、付けたり、奉公人は奉公人、町人は町人、百姓は百姓、一所に書き出すべきこと、ただし書き立ての案文別紙これを遣わし候、

一つ、他国のもの他郷のもの許容あるべからざること、付けたり、請懸り手これあらば、その者聊爾(りょうじ)あるべからざるのよし、血判の神文をもって預け置かるべきこと、付けたり、他国の衆、数年何たる子細にて居住と書き載すべく候、去年七月以来上る衆人を憑(たの)むべくと申し候とも許容あるべからざること、

一つ、広島の私宅留守代ならびに在々村々に置かれ候代官衆の書付、佐与(佐世与三左衛門）に至り指し出さるべきこと、

一つ、御朱印の御ケ条ならびに地下究めの起請案文これを進め候、引き合わせ相違なき様

に仰せ付けらるべきこと、
右の究め御延引においては、彼の御両人直にその地へ罷り越し、その究め致すべきの由、一日も早々家数人数帳に御作り候て御出しあるべく候、御緩(ゆるみ)においてはその地下〳〵へ御入部たるべきの由候のあいだ、御届のためこま〳〵申し達し候、已上、

この書状は天正一九年の年紀が記されているが、三鬼清一郎氏によって、各箇条の語彙や内容が検討された結果、天正二〇年のものであることが論証され、「天正十九年」の年期も写作成にあたっての誤写と評価された（三鬼一九七五）。

## 天正二〇年一月付浅野幸長宛豊臣秀次朱印状

史料2の第一条にある「従当　関白様（秀次）六十六ケ国へ人掃之儀被仰出候之事」に対応するのが、つぎにあげる天正二〇年一月付浅野(あさの)幸長(よしなが)宛豊臣秀次朱印状である。

**史料3　『浅野家文書』二六〇号**

条々

一唐入に就て御在陣中、侍・中間・小者・あらし子・人夫以下に至る迄、かけおち仕輩於有之者、其身の事ハ不及申、一類幷相拘置在所、可被加御成敗、但類身たりといふ共、つけしらするにおひては、其者一人可被成御赦免、縦使として罷帰候とも、其主人慥なる墨付無之におひてハ、可為罪科事、
一人足飯米事、惣別雖為御掟、猶以給人、其念を入可下行事、
一遠国より御供仕候輩者、軍役それ〳〵に御ゆるしなされ候間、来十月には、替りの儀可被仰付候条、上下共に可成其意事、
一御陣へ召連候百姓の田畠事、為其郷中、作毛仕可遣之、若至荒置者、其郷中可被成御成敗旨候事、　付、為郷中も、作毛不成仕合於有之ハ、兼而奉行へ可相理事、
一御陣へめしつれ候若党・小者等とりかへの事、去年之配当半分之通、かし可遣之、此旨於相背者、とり候者事ハ不及申、主人共に可為曲言事、
右条々、於違背之輩者、可被処厳科者也、
　　天正廿年正月日（朱印）（秀次）
　浅野左京大夫（幸長）とのへ

【読み下し文】

条々

一つ、唐入りについて御在陣中、侍・中間・小者・あらし子・人夫以下にいたるまで、かけおち仕る輩これあるにおいては、その身のことは申すに及ばず、一類ならびに相抱え置く在所、御成敗を加えらるべし、ただし類身たりといふとも、告げ知らするにおいては、その者一人御赦免なさるべし、たとえ使として罷り帰り候とも、その主人確かなる墨付これなきにおいてハ、罪科たるべきこと、

一つ、人足飯米のこと、惣別御掟たるといえども、なお給人をもって、その念を入れ下行（給付）すべきこと、

一つ、遠国より御供仕り候輩は、軍役それ〳〵に御ゆるしなされ候あいだ、来十月には、替りの儀仰せ付けらるべく候条、上下ともにその意を成すべきこと、

一つ、御陣へ召し連れ候百姓の田畠のこと、その郷中として作毛仕りこれを遣うべし、もし荒らし置くに至りては、その郷中御成敗なさるべきむね候こと、付けたり、郷中としても、作毛ならざる仕合（事情）これあるにおいては、兼ねて奉行へ相断るべきこと、

一つ、御陣へめしつれ候若党・小者等とりかへのこと、去年の配当半分の通り貸しこれを遣わすべし、この旨相背くにおいては、とり候もののことは申すに及ばず、主人ともに

曲言たるべきこと、
右の条々、違背の輩においては、厳科に処さるべきものなり、

この秀次朱印状は浅野幸長に宛てて出されたものであるが、ほかにも事例があり、広く諸大名に出されたものである。

第一条で、「唐入」の在陣中に、侍・中間・小者・あらし子・人夫までの欠落を禁じ、それを破ったときにはその身だけでなく、一類、抱え置く在所を成敗するなど細かな取扱いを定めている。

第二条では、人足の飯米は、全体として御掟どおりであるが、なお給人をもって念を入れ下行するように、第三条では、遠国より来ているものは、来る一〇月に交替を申し付けるとし、第四条では陣に召し連れた百姓の田畠については、その郷中として耕作するように、また付けたりとして、郷中として耕作ができないとの事情がある場合にはあらかじめ奉行に断ること、第五条で陣へ召連れた若党・小者らの交替については、去年の配当半分のとおり貸し遣わすようにと定めている。

## 人掃いの実施

この秀次の朱印条々にもとづいて、人掃いが実際に行われたことを示すのが、つぎにあげる伊達政宗の代官石田宗朝があげた起請文(きしょうもん)前書である。

**史料4 『貞山公治家記録』一八**

敬白天罰起請文前書之事

一御朱印五箇条之御置目、并百姓三箇条誓詞之趣、慥ニ御請乞(取)申上候事、

一羽柴伊達侍従従分国之内、奥州名取南方岩沼之城、石田豊前守居城持(拝)領分、在々所々村々家数、奉公人侍・中間、百姓、舟人、何程是有書付、有様ニ其従村々、帳ヲ一帖充作立、村々所々百姓之起請文相添、使者、来六月十五日ニ此方ヲ出シ可申候、急度京着可仕旨、堅御請乞申上候、則政宗分国中之帳、百姓之誓紙相添、従岩出山定日如御請乞可被指登候条、此方之帳、右同前ニ京着可仕候、御法度之通、毛頭相違之儀候者聞食出、可有御成敗候事、

（中略）

天正廿年壬辰五月廿一日　石田豊前守

政宗代官

宗朝　書判

早見勝左衛門殿

乾　源太郎殿

【読み下し文】

敬白天罰起請文前書のこと

一つ、御朱印五箇条の御置目（おきめ）、ならびに百姓三箇条の誓詞の趣、たしかにお受け取り申し上げ候こと、

一つ、羽柴伊達侍従（政宗）分国の内より、奥州名取南方岩沼の城、石田豊前守居城拝領分、在々所々村々家数、奉公人侍・中間、百姓、舟人、なにほどこれあるを書き付け、あり様にその村々より、帳を一帖ずつ作りたて、村々所々百姓の起請文を相添え、使者、来たる六月十五日にこの方を出し申すべく候、急度京着仕るべき旨、堅く御請け取り申し上げ候、すなわち政宗分国中の帳、百姓の誓紙相添え、岩出山より定日御請け取りのごとく差し登せられ候条、この方の帳、右同前に京着仕るべく候、御法度の通、毛頭相違の儀候はば、聞こし召し出され、御成敗あるべく候こと、

第一条で秀次の朱印置目と百姓三ケ条誓詞の案文を受け取り、第二条で、伊達領分で在々所々

村々の家数、奉公人侍・中間、百姓、舟人の数を改め帳面を作成していることが確認できる。
翌年正月にも秀次は、各国領主の留守居に宛てて、つぎのような朱印状を出した。

**史料5 「竹内文平氏所蔵文書」東京大学史料編纂所影写本**

来三月大閤御方高麗御渡海付而、国々諸奉公人之儀、去年正月以五箇条守被仰出旨、高麗并名護屋在陣之面々ニ奉公たるもの、くつろきとして罷帰於有之者、侍・中間・小者・あらし子ニ至迄、当月中に名護屋へ可参陣、若背法度、諸国在々所々ニ於隠居者、其者之事者不及沙汰、類身其所之代官・給人、別而地下人越度、可為曲事者也、

文禄二年正月日　(朱印)(秀次)

越前ニ而
木村常陸介
留主居中

【読み下し文】

来る三月、太閤御方(秀吉)高麗御渡海について、国々諸奉公人の儀、去年正月五箇条をもって仰せ出さる旨を守り、高麗ならびに名護屋在陣の面々に奉公たるもの、くつろきと

して罷り帰りこれあるにおいては、侍・中間・小者・あらし子にいたるまで、当月中に名護屋へ参陣すべし、もし法度(はっと)に背き、諸国在々所々に隠れ居るにおいては、その者のことは沙汰に及ばず、類身その所の代官・給人、別して地下人越度(おちど)、曲事たるべきものなり、

この朱印状で、秀次は、秀吉の三月の渡海にあたり、「国々諸奉公人」については昨年正月の五か条の条目の旨を守り、高麗、また名護屋に在陣の面々に奉公するもので寛(くつろ)ぎとして帰国しているものは「侍・中間・小者・あらし子」にいたるまで、正月中に名護屋に参陣するよう求め、もし法度に違反するものは、本人はもちろん、その所の代官・給人、別して地下人までも越度と命じた。

**史料6　「東寺百合文書」イ一二五号**

敬白起請文之事

一去年唐入御陣ニ付而、五ケ条之御置目御朱印之通、聊相違申間敷候旨、起請ヲ書上　申上候といへ共、尚以、来三月高麗御渡海ニ付而、重而以御朱印被仰出儀、存知仕事、

一侍・中間・小者・あらし子ニ至るまて、在所ニ年来居住之者之外、新儀参候者居住させ申

間敷候、親子兄弟たりといふ共、武士奉公ニ出申者ニハ、一夜ノ宿をもかし申間敷候事、

一武士奉公人、商売人・諸職人ニ相紛来事可在之、其段念ヲ入可相改申、惣而、慥なる商売人・諸職人たりといふ共、新儀ニ来候者、置申間敷きの事、

右之通、若相背者於在之者、不移時日、親子兄弟ニよらす可申上候、若於相違者、

（神文略）

文禄弐年正月

民部卿法印様（前田玄以）　御奉行

【読み下し文】

敬白起請文の事

一去年唐入り御陣について、五ケ条の御置目（おきめ）御朱印の通、聊か（いささか）相違申すまじく候旨、起請を書き上げ申し上げ候といえども、なおもって、来る三月高麗へ御渡海について、重ねて御朱印をもって仰せ出さる儀、存知仕ること、

一つ、侍・中間・小者・あらし子にいたるまで、在所に年来居住のもののほか、新儀に参り候もの居住させ申すまじく候、親子兄弟たりといふとも、武士奉公に出で申すものには、一夜の宿をもかし申すまじく候こと、

一つ、武士奉公人、商売人・諸職人に相紛れ来たることこれあるべし、その段、念を入れ相改め申すべし、惣じて、慥（たし）かなる商売人・諸職人たりといふとも、新儀に来り候もの置き申すまじきのこと、

右の通り、もし相背くものこれあるにおいては、時日を移さず、親子兄弟によらず申し上ぐべく候、もし相違においては、

史料6は、秀次の朱印状を受けて、所司代（しょしだい）の前田玄以（まえだげんい）に宛てて文禄二年（一五九三）正月に出された起請文の案である。

第一条に「去年唐入御陣ニ付而、五ケ条之御置目御朱印之通、聊相違申間敷候旨、起請ヲ書上申上候といへ共」とあることから、前年、五箇条の条目が出された際にも起請文が求められたことが確認できる。

第二条では、「侍・中間・小者・あらし子ニ至るまて」在所に年来居住のもの以外、新儀に来村するものの居住を禁止し、さらに親子兄弟であっても武士奉公に出ている者には一夜の宿を貸してはいけないとし、新儀の奉公人の村への居留を排除する。

第三条も、「武士奉公人」が「商売人・諸職人」にまぎれて居住することを排除するよう改め、

また「慥なる商売人・諸職人」であっても、新儀に来るものを居住させることを禁じる。

この両条とも、出兵にあたっての奉公人確保をめざしたものといえよう。

# 仮説「奉公人」身分の創出

## 奉公人と武士・兵

「奉公人」を支配身分としての武士に属するものとするか、また兵農分離の「兵」と捉えるかについて、まず研究史をたどっておこう。

一九七五年、三鬼清一郎氏は、「人掃令をめぐって」(三鬼一九七五)で、天正一九年の定(さだめ)によって「武士身分と百姓・町人身分との分離の確定がみられた」とされ、奉公人を武士身分とされた。一九八四年、高木昭作氏は、「所謂「身分法令」と「一季居」禁令」(高木一九八四)で、天正一九年定の第一条について、奉公人は侍・中間・小者・荒子の総称であり、「侍」は若党であって武士一般ではないと、武士一般と奉公人を区別する。一九九〇年、勝俣鎮夫氏は「人掃令について」(勝俣一九九〇)で、武家奉公人＝兵とされた。

一九九三年、朝尾直弘氏は、「十六世紀後半の日本」(朝尾一九九三)で、豊臣期の体制のもとでは奉公人の身分は家臣団に属したと、奉公人を「身分」として捉え、かつ武士身分に属するものとされた。一九九五年、藤木久志氏は、『雑兵たちの戦場』(藤木一九九五)で、奉公人は武家の社会ではごく身分の低いものとされた。

二〇一三年、平井上総氏は、「兵農分離政策論の現在」（平井二〇一三）で、「士分ではない武家奉公人を武士と同一視すべきでない」とし、また「中世から豊臣期における奉公人も武士と異なる身分層として位置づけるべきであろう」とされた。

この時期の奉公人の具体的な姿については、一九九三年、根岸茂夫氏が『『雑兵物語』に見る近世の軍制と武家奉公人』（根岸一九九三）で、武家奉公人は士分に付属しなければ合戦に参加できないものとし、さらに第一の階層の若党は馬上の主人の戦闘を援ける役割を担い、第二の階層の中間・小者は具足はなく原則として脇差のみで、主人を守って合戦に参加したもの、第三の階層は人夫とされた。

一九九五年、藤木久志氏は、『雑兵たちの戦場』（藤木一九九五）で、①武士に奉公して主人とともに戦う「侍」、②その下で中間・小者・あらしこなどと呼ばれる、戦場で主人を補けて馬を引き鑓を持つ「下人」、③夫・夫丸などと呼ばれる、村々から駆り出されて物を運ぶ「百姓」たちと雑兵を区分した。根岸氏・藤木氏とも、第一、第二が奉公人と捉えている。

しかし、こうした姿は、江戸時代前期の戦闘に参加しなくなった武家奉公人の姿とは大きく異なる。

## 身分としての「奉公人」

先に史料2としてあげた、天正二〇年三月六日付の安国寺恵瓊（あんこくじえけい）・佐世元嘉（させもとよし）連署状の第二条に村ごとの家数人数の書き上げとともに、その内容として「奉公人ハ奉公人、町人ハ町人、百性者百性、一所ニ可書出事」と、奉公人・町人・百姓の三者が明確に区分されている。

また、慶長三年一月一〇日付の上杉景勝宛秀吉朱印状につぎのような記載がみられる。

**史料9　『上杉家文書』八六三号**

今度会津江国替ニ付而、其方家中侍之事者不及申、中間・小者ニ至る迄、奉公人たるもの一人も不残可召連候、自然不罷越族於在之者、速可被加成敗候、但、当時田畠を相拘、年貢令沙汰検地帳面之百姓ニ相究ものハ、一切召連間敷候也、

（慶長三年）正月十日　（秀吉）（朱印）

羽柴越後中納言（上杉景勝）とのへ

【読み下し文】

今度会津へ国替について、その方家中の侍のことは申すに及ばず、中間・小者に至るまで、奉公人たるもの一人も残らず召し連るべく候、自然罷り越さざる族これあるにおいては、

速やかに成敗を加えらるべく候、ただし、当時田畠を相抱え、年貢沙汰せしむ検地帳面の百姓に相究(きわ)むるものは、一切召し連れまじく候なり、

すなわち会津への国替にあたって、上杉氏の奉公人の侍・中間・小者を一人残らず会津へ召し連れるよう命じている。

さらに、天正一八年八月一〇日付秀吉定の第四条に「諸奉公人ハ面々以給恩其役をつとむへし、百姓ハ田畠開作を専ニ可仕事（諸奉公人は面々給恩をもってその役をつとめむへし、百姓は田畠開作を専に仕るべきこと）」とあり、奉公人と百姓とは明確に区別されている。

一九九三年、朝尾直弘氏は「十六世紀後半の日本」で、

天下統合がいったん成ったとき、奉公人は浪人となった。近世最初の浪人問題である。九〇年一二月豊臣氏奉行衆が近江の代官衆にあてた浪人停止令には「主を持たず、田畠つくらざる侍、あい払うべきこと」（第一条）、（中略）「奉公人のほか、百姓の中は改められ、武具類取り上げらるべきこと」（第三条）の条々がある（「平埜荘郷記」）。戦争が停止されると、奉公人は行き場を失い、村に帰るほかなかったが、その村はかっての村ではなく、刀狩り令

によって武装解除を義務づけられた村であり、農耕に専念するべき村であった。

とされ、一九九五年、藤木久志氏は『雑兵たちの戦場』のなかで、天正一九年八月二一日秀吉定を「この法は、何よりも国内の戦場の閉鎖に伴う深刻な社会問題に立ち向かう、戦後処理策であったのではないか」とされる。

二〇〇三年、稲葉継陽氏は「兵農分離と侵略動員」（稲葉二〇〇三）のなかで、

村からの奉公人大量徴発を前提に「政権の軍事態勢」と「農の成熟」にとって共通の問題として激化する村の疲弊への、矛盾に満ちた対応策であった。奉公人と百姓を区分するという兵農分離政策を掲げながら、その奉公人を村から供給せねばならないという問題の根源に、豊臣政権は抜本的な対策を講じられないまま、朝鮮侵略に突入せざるをえなかったのである。

と、朝尾氏・藤木氏とは異なり、「奉公人と百姓を区分するという兵農分離政策を掲げながら」、それを実現しえなかったとしている。

しかし、これまでみてきた天正二〇年、文禄二年の豊臣政権の奉公人政策は、「行き場を失っ

た」「奉公人問題」でも、「国内の戦場の閉鎖に伴う深刻な社会問題」でもなく、つづいて予定された朝鮮出兵における大量の奉公人需要を担保するための施策であったことは動かしがたい。また、稲葉氏のように豊臣政権が奉公人と百姓を区分する兵農分離政策を掲げながら抜本的な対策を講じられないとする評価よりも一歩進んで、豊臣政権は、百姓・町人と並ぶものとして奉公人身分を、武士とも区別されたものとして設定したと考えたい。

豊臣期の奉公人は、百姓・町人・職人などと同様にひとつの身分であるとの仮説を立て、その実態を次講で検討しよう。

【参考文献】

・朝尾直弘「十六世紀後半の日本」岩波講座『日本通史』近世一、一九九三年
・稲葉継陽「兵農分離と侵略動員」池享編『天下統一と朝鮮出兵』吉川弘文館、二〇〇三年
・勝俣鎮夫『戦国法成立史論』東京大学出版会、一九七九年
・勝俣鎮夫「人掃令について」東京大学教養学部『歴史と文化』九二〇、一九九〇年
・勝俣鎮夫『「身分統制令」と「人掃令」』『歴史と地理』四六、一九九三年
・久留島典子「『人掃令』ノート―勝俣鎮夫氏の所論によせて―」（永原慶二編『大名領国を歩く』吉川弘文館、一九九三年
・高木昭作「所謂「身分法令」と「一季居」禁令」尾藤正英先生還暦記念会編『日本近世史論叢』上、吉川弘文館、一九八四年、『日本近世国家史の研究』岩波書店一九九〇年に再録。
・根岸茂夫「『雑兵物語』に見る近世の軍制と武家奉公人」『國學院雑誌』九四‐一〇、一九九三年
・藤井譲治「身分としての奉公人――その創出と消滅――」織豊期研究会編『織豊期研究の現在』岩田書院、二〇一七年
・藤木久志『雑兵たちの戦場』朝日新聞社、一九九五年
・平井上総「兵農分離政策論の現在」『歴史評論』七五五、二〇一三年
・三鬼清一郎「人掃令をめぐって」『名古屋大学日本史論集』下、一九七五年

第六講

# 豊臣期の奉公人——奉公人身分の創出

## はじめに

第六講では、豊臣期の「奉公人」とはいかなる存在であったか、その具体像を明らかにする。

この時期の奉公人については、先に述べたように（一五二ページ）、一九八四年に高木昭作氏によって新たな解釈が示された。氏は、それまで「身分統制令」とよばれてきた天正一九年（一五九一）八月二一日付で秀吉が出した「定（さだめ）」の第一条、

一奉公人、侍・中間・小者・あらしこ（荒子）に至るまて、去七月奥州へ御出勢より以後、新義に町人百姓になり候もの有之ハ、其町・地下人として相改、一切をくへからす、若かくしをくニ付てハ、其一町一在所可被加御成敗事、

を解釈するにあたって、「奉公人侍中間小者あらし子に至る迄」は、「奉公人」から「あらし子」までを並列とするのではなく、「奉公人」である「侍」から「中間・小者」そして「あらし子」にいたるまでと読むべきであることを論証された。

これによって、従来この「定」が近世の武士と百姓・町人とを分ける身分統制令であるとされてきた解釈を否定された。その後、高等学校の日本史教科書でも、高木氏の解釈を採用し、今日ではいわば定説となっている。

この講と次講においては、この高木氏の解釈を踏まえたうえで、豊臣期の奉公人はいかなる存在であったのかを検討していく。

検討にあたっては、第一に、「奉公人」を「百姓」「町人」と並ぶ身分として把握しうるか、第二に、「奉公人」の内実・性格などは、同じ「奉公人」と呼ばれても時期によって変化あるいは変遷するのか、との課題をたて、また、身分が特定の法令によって定められるという立場ではなく、それなりの実態・社会的存在を踏まえて、法令がそれを捉えているという理解を前提に考えていきたい。

## 「奉公人」の時期的変遷

### 秀吉文書にみえる奉公人

秀吉の活動がみえる織田期を含めて豊臣期に、「奉公人」という語がどのように使われ、またどのように変遷するかを、まず秀吉発給文書に限ってではあるが一覧する。

左ページの表は、秀吉文書約七〇〇〇通から、「奉公人」またその身分内身分ともいえる「侍」「中間」「小者」「荒子」の事例を拾い出し、その数を示したものである。点数を数える場合には、天正一九年（一五九一）八月二一日秀吉定のように、ほぼ同文で多数残されているものは一点とした。また、慶長三年（一五九八）五月の奉公人の欠落防止を命じた朱印状など、宛名が異なっても本文が同様のものも同じ扱いとした。

表に示したように、「奉公人」という言葉は、秀吉文書中にそれほど多くみえるわけではない。この点を押さえた上で、「奉公人」の事例三六件をみると、その半数が百姓・町人・商人・職人・出家などと並べ、また区別されて記されており、「奉公人」が「百姓」などの諸身分と区別された存在であることが推測される。しかし、「奉公人」の内実が、天正一九年八月二一日秀吉定に

秀吉文書にみえる「奉公人」などの出現頻度

| 期間 | 奉公人 | 侍 | 中間 | 小者 | 荒子 | 若党 | 足軽 |
|---|---|---|---|---|---|---|---|
| 〜天正10.6 | 5(4)[1] | 5(3)[0]{1} | 1(1)[1] | 4(2)[1] | | 1 | 1 |
| 〜天正13.7 | 8(2)[1] | 9(1)[5]{0} | 1(1)[0] | 2(0) | | | 5 |
| 〜天正19.12 | 13(10)[3] | 16(2)[8]{5} | 6(6)[6] | 7(7)[6] | 2(2) | | 3 |
| 〜文禄4.7 | 5(0)[0] | 9(4)[3]{2} | 1(1)[0] | 3(2)[0] | | 1 | |
| 〜慶長3.8 | 4(2)[2] | 6(0)[1]{4} | 2(2)[2] | 3(2)[2] | | | |
| 年未詳 | 1(0)[0] | | | | | | |
| 合計 | 36(18)[7] | 45(10)[31]{12} | 11(11)[10] | 19(12)[8] | 2(2) | 2 | 9 |

(注)・奉公人の(　)内は、奉公人と「百姓」「町人」などとの他身分、[　]内は「侍・中間・小者」の身分内
・侍の(　)内は「百姓」「町人」などと他身分、[　]内は「武士」の意と考えられるもの、{　}内は奉公人あるいは中間・小者などと並記のもの
・中間の(　)内は、奉公人、侍、小者等と並記、[　]内は「中間・小者」として
・小者の(　)内は、奉公人、侍、中間等と並記、[　]内は「中間・小者」として

示されたように、「侍・中間・小者・あらし子」であることを明示する史料は、三六件中七件とそれほど多くはない。

天正一九年八月二一日秀吉定では、「侍」は「奉公人」の一形態とされるが、秀吉文書の用例を検討すると、四五例中三一例が、天正一五年一〇月二一日相良長毎宛秀吉朱印状「於肥後国陸奥守（佐々成政）不相届所行ニ付而被仰出条々」（「相良文書」『豊臣秀吉文書集』二三六七号ほか）の第二条に、「無程陸奥守背御下知、彼国之侍ニ以御朱印被仰付候領知をも不相渡、及迷惑之由候事（程なく陸奥守（佐々成政）御下知に背き、彼国（肥後国）の侍に御朱印をもって仰せ付けられ候領知をも相渡さず、迷惑に及ぶの由候こと）」とあるように、「武士」の意で使用されている。残る一四例の大半は、「百姓」「町人」

あるいは「中間」「小者」と並記されている。「中間」一一例の大半は「小者」と並記されている。「小者」一九例は「中間」と並記されることが多いが、「侍」「小者」と並記されることもある。

なお「若党」については、秀吉文書では三例と少ないが、秀次文書には「若党」が奉公人の「侍」の意で使用されたものが数例見られる。また「足軽」については、天正一八年四月一九日井伊直政宛秀吉朱印状（「三浦十左衛門家文書」『豊臣秀吉文書集』三〇三三号）に、「付井ヨリ敵出候処、遣足軽、首二討捕之到来、尤之働候（付井より敵出で候ところ、足軽を遣わし、首二討ち捕りこれ到来、尤の働きに候）」のような用例はあるが、ほかの身分との並記では見られず、さらに、「奉公人」の身分内身分としての使用例もまったくみられない。

## 各時期の「奉公人」

ここでは、一八一ページの表で区分した、本能寺の変まで、それから関白任官以前、関白期、秀次関白期、秀次事件以降の、五つの時期ごとに、秀吉以外の事例も多少触れながら「奉公人」に関する記事を取り上げ、その特徴についても若干触れる。

### 本能寺の変以前の「奉公人」

つぎの史料1・史料2は、いずれも天正二年（一五七四）に秀吉が、新たな拠点に選んだ近江今浜城の普請（ふしん）にあたって、領地の村々に普請役を課したときのものである。

**史料1**　「川合文書」『**豊臣秀吉文書集**』八八号

当郷家並ニ、明後日八日ニ、今はまふしんニ、すき・くわ幷もつこう持候て、諸奉公人・出家・商人たりといふ共、一人も不残可罷出候、若於油断者、急与可申付者也、

（天正二年）六月六日　　秀吉（花押）

藤吉郎

平方

名主百性中

【読み下し文】

当郷家並に、明後日八日に今浜普請に鋤・鍬ならびにもっこう持ち候て、諸奉公人・出家・商人たりといふとも、一人も残らず罷り出ずべく候、もし油断においては、きっと申し付くべきものなり、

**史料2　「大阪城天守閣所蔵文書」『豊臣秀吉文書集』八九号**

尚々、時分柄ニ候之間、一日之やといたるへし、無油断可罷出候、

就今浜普請之儀、当郷人足之事、すき・くわ・もつこ以下持之、出家・侍・奉公人ニよらす、明日九日末明ニ、家なミ可罷出候、於油断者、急与可成敗者也、

（天正二年）六月八日　　藤吉郎

秀吉（花押）

下八木

地下人中

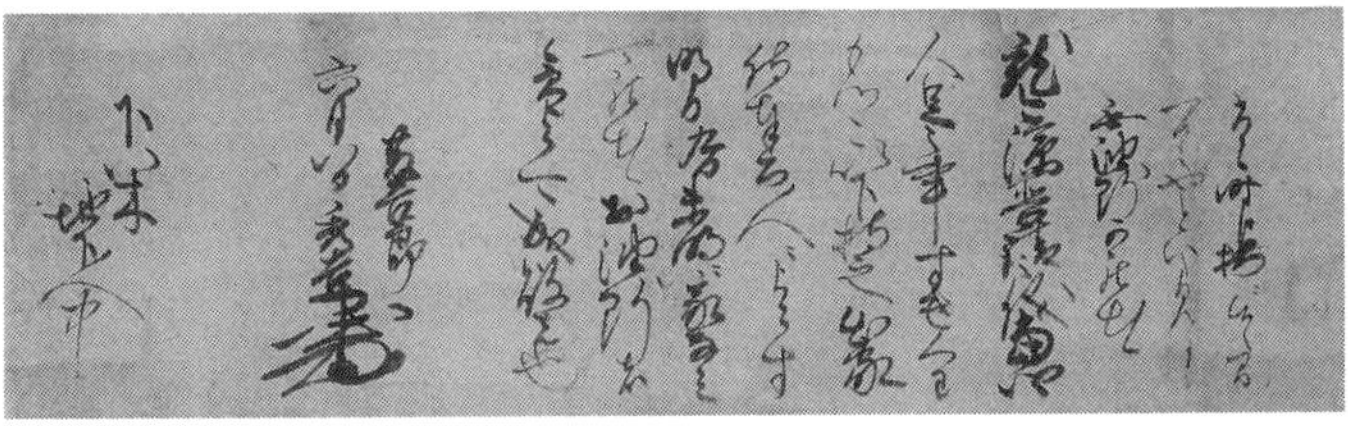

**天正2年(1574)6月8日付下八木地下人中宛て木下秀吉判物**(大阪城天守閣蔵）今浜(長浜)城普請への人足動員を指示したもの。

【読み下し文】

なおなお時分柄に候のあいだ、一日の雇いたるべし、油断なく罷り出ずべく候、

今浜普請の儀について、当郷人足のこと、鋤・鍬・もっこ以下これを持ち、出家・侍・奉公人によらず、明日九日未明に、家並に罷り出ずべく候、油断においては、きっと成敗すべきものなり、

領内の平方村の名主百姓中に宛てられた史料1では、「奉公人」が「出家」「商人」と、下八木の地下人中に宛てられた史料2では「奉公人」が「出家」「侍」と並記されており、「出家」「商人」「侍」と並んで「奉公人」という階層が社会的に存在したことが確認できる。また、この今浜の普請では、これらの人びとも一般の百姓同様に普請役が課せられたことが分かる。

また、史料2には、のちには「奉公人」の身分内身分とされる「侍」

がみえるが、「奉公人」と並記されていることから、後年の「奉公人」＝「侍」とは異なり、この段階の「奉公人」「侍」とのちの段階の「奉公人」「侍」と同じものとみなしえないであろう。

こうした状況が、ほかの地域でも一定程度展開していたことを、後北条氏の例からもみておこう。永禄三年（一五六〇）三月一六日付の武蔵国網代の百姓中宛に出された「御領所方諸百姓御侘言申上ニ付而、御赦免之条々」という事書のある北条家朱印状（「網代文書」『戦国遺文』後北条氏編一）には「百姓」と区別して「出家・奉公人・商人・諸職人以下田畠出作之者」とみえ、近江の事例と同様、一定の広がりをもつ身分階層として「奉公人」の存在を見いだせる。

同じ信長期の事例としては、天正五年六月の安土山下町中宛定（「近江八幡市所蔵文書」『織田信長文書の研究』下）の第一二条に、「於町並居住之輩者、雖為奉公人幷諸職人、家並役免除之事（町並居住の輩においては、奉公人ならびに諸職人たるといえども、家並役免除のこと）」とあり、町に居住する「奉公人」の存在とともに、町人と区別された奉公人・職人の存在が確認できる。

秀吉が「奉公人」を「百姓」と明確に区分した最初の条目は、天正一〇年四月の五か条の定である。

**史料3　「永運院文書」『豊臣秀吉文書集』四一二号**

定

一家中におゐて奉公人不寄上下、いとま不出に、かなたこなたへ罷出輩在之ハ、可加成敗条可申上事、付遣女同前事、

一知行遣候已前之領中つきの若党・小者いつかたに奉公仕候共、当給人違乱有間敷候、於田地事ハ給人次第可取上事、

一知行遣候以後、其在所之百姓他所へ相越ニおゐてハ曲事たるへし、いかやうニも給人任覚悟、其ものからめ取上可申事、

一もとの在所へ於還住者、不可有違乱事、

一此以後何々の百姓たりといふ共、前々ゟ田地作候百姓を此以後に者、めしつかふへからさる事、

右条々、一柳市助・小の木清次・尾藤甚右衛門・戸田三郎四郎此四人として聞立、有様ニ可申上候、もし他所(カ)ゟ於聞付者、四人之者可為曲事者也、

天正十

卯月　日

【読み下し文】

一つ、家中において奉公人上下によらず、暇出でざるに、彼方・此方へ罷り出ず輩これあらば成敗を加うべき条申しあぐべきこと、付けたり、遣女（召使いの女）同前のこと、

一つ、知行遣わし候以前の領中つきの若党・小者、何方に奉公仕り候とも、当給人違乱あるまじく候、田地のことにおいては給人次第取り上ぐべきこと、

一つ、知行遣わし候以後、その在所の百姓他所へ相越すにおいては曲事たるべし、如何様にも給人覚悟に任せ、そのもの搦め取り上げ申すべきこと、

一つ、元の在所へ還住においては、違乱あるべからざること、

一つ、これ以後、何々の百姓たりというとも、前々より田地作り候百姓をこれ以後には召し使うべからざること、

右の条々、一柳市助（直末）・小野木清次（重次）・尾藤甚右衛門（知宣）・戸田三郎四郎（勝隆）、この四人として聞き立て、あり様に申し上ぐべく候、もし他郷より聞き付くるにおいては、四人の者曲事たるべきものなり、

この定の第一条で、奉公人が主人への暇乞いなくほかに奉公すること（無断の主人替え）を禁じ、第二条で、知行を得る以前から領内にいた若党・小者についてはいずれに奉公するも自由で

あり、新たに給人となったものは「違乱」に及んではならないと、若党・小者の裁量が尊重されているが、奉公人の所持する田地については給人に属するとし、給人の田地への裁量権が担保されていることが分かるとともに、村内において田地を所持する「奉公人」の存在が確認できる。

これに対応し第三条では、知行を与えられたあとは、その領地の百姓が他所へ行くことを禁止し、「奉公人」（「若党・小者」）と「百姓」とを明確に区別している。

## 本能寺の変から関白任官以前の「奉公人」

天正一〇年六月以降、秀吉が関白に任官する天正一三年七月までの期間の「奉公人」に関する史料には、「奉公人」の不法行為禁止を定めた条目が多くみられる。一例をあげよう。

**史料4「長沢陽四郎家文書」『豊臣秀吉文書集』四六七号**

条々　　へちい中

一奉公人下々地下中へ立入、田畑をあらし、不謂やから於有之者一銭きりたるへき事、
一下々として人夫以下めしつかふへからさる事、
一少も非分之事在之者、直訴詔可申、若見隠、申あけす候ハヽ、其地下人可為曲事候事、

已上、

天正十年　　七月廿五日　　筑前守（秀吉）（花押）

【読み下し文】

条々　　へちい中

一つ、奉公人下々地下中へ立ち入り、田畑を荒らし、言われざる族（やから）これあるにおいては、一銭切りたるべきこと、

一つ、下々として人夫以下召し使うべからざること、

一つ、少も非分のことこれあらば、直に訴詔申すべし、もし見隠し申あげず候はば、その地下人曲事たるべく候こと、

この「へちい中」（摂津国）宛の秀吉条々では、「奉公人」の規定は第一条のみであるが、そこでは「奉公人」が地下中へ立ち入り田畑を荒らすなどの不法行為を禁じており、その後も、天正一一年五月付の摂津兵庫津宛の禁制（「難波創業録」『豊臣秀吉文書集』七一一号）の第二条の付けたりで、「奉公人戸立具売買事（奉公人戸・立具（たてぐ）（建具）売買のこと）」と、「奉公人」による

戸・立具の売買を禁じ、同年六月の洛中洛外宛の掟（「今井具雄氏所蔵文書」『豊臣秀吉文書集』七三一号）の第四条では、「諸奉公人対町人非分狼藉族於在之□（者）、不寄仁不肖、無用捨奉行可申事（諸奉公人、町人に対し非分狼藉の族これあるにおいては、仁不肖によらず、用捨なく奉行へ申すべきこと）」と、「諸奉公人」の「町人」に対する非分・狼藉を禁止し、同じ月に所司代前田玄以（げんい）に対して出した羽柴秀吉判物の第一条、三条でも、洛中洛外における「諸奉公人」の非分狼籍の究明と処罰を命じている。

**史料5　「本圀寺宝蔵目録」『豊臣秀吉文書集』七三〇号**

一於洛中洛外、諸奉公人非分狼籍之族申懸者、雖為誰々、其主不及届、糺明次第可有成敗、
　若知音縁類難去なとゝて、用捨之儀於有之者、其方可為越度事、
一諸事無用捨有様之旨被申付者、諸人我非分不弁令偏執、如何様之族秀吉申聞儀候共、其者
　を引合糺明をとけ、可随其事、
一京中在々諸奉公輩、被官、家来、或者無等閑とて、公事懸候儀ニ令方人事、甚以可為曲事、
　若左様之者於在之者、無用捨可被申聞事、
右条々堅可被得其意者也、仍如件、

天正十一年六月日　　筑前守（秀吉）判
玄以（前田）

【読み下し文】

一つ、洛中洛外において、諸奉公人非分狼籍の族申し懸く者、誰々たるといえども、その主へ届くにおよばず、糺明次第成敗あるべし、もし知音（ちいん）、縁類、去りがたきなどとて、用捨の儀これあるにおいては、その方越度（おちど）たるべきこと、

一つ、諸事用捨なく有様の旨申し付けられれば、諸人我非分を弁（わきま）えず偏執せしめ、如何様の族秀吉申し聞く儀候とも、その者を引き合せ糺明を遂げそれに従うべきこと、

一つ、京中在々諸奉公の輩、被官、家来、あるいは等閑（とうかん）なき（親しい）とて、公事懸け候儀に方人（かたうど）（味方）せしむこと、はなはだもって曲事たるべし、もし左様のものこれあるにおいては、用捨なく申し聞かるべきこと、

右の条々、堅くその意を得らるべきものなり、よって件（くだん）のごとし、

天正一一年一一月一三日には、美濃に領地を持った稲葉一鉄（いなばいってつ）に対し、池田恒興（いけだつねおき）との争論を裁許した定（「豊後臼杵稲葉文書」『豊臣秀吉文書集』八三八号）の第三条で、「諸奉公人、或緩怠・

盗人・喧嘩・口論、或主・寄親へ号不足、暇不乞ニ権家へ立入候事可為停止（諸奉公人、あるいは緩怠（かんたい）・盗人・喧嘩・口論、あるいは主・寄親へ不足と号し、暇乞わずに権家へ立ち入り候こと停止たるべし）」と、「奉公人」の無断の主人替えを禁止している。

さらに天正一三年三月には、禁裏六丁町に宛てた禁制（「川端道喜文書」『豊臣秀吉文書集』一三七六号）の第三条で、「諸奉公人不寄上下居住事、付於為奉公人者、在京之時之号宿、構居所事（諸奉公人上下によらず居住のこと、付けたり奉公人たるにおいては、在京の時の宿と号し、居所を構うこと）」と、「諸奉公人上下」の当町居住を禁じ、また「奉公人」が在京時に宿と号し居所をかまえることを禁じている。

こうした条目・定・禁制の存在は、「奉公人」身分を直接定めるものではないが、「奉公人」が社会的存在として定着していたことを示すものと評価できよう。

## 秀吉関白期

秀吉が関白となった天正一三年七月から、秀次に関白職を譲る天正一九年一二月までの期間についてみよう。まず注目されるのは、天正一四年正月一九日の秀吉定である。

## 史料6 「近江水口加藤子爵家文書」『豊臣秀吉文書集』一八四二号他

定

①一諸奉公人、侍事ハ申に不及、中間・小者・あらし子に至るまて、其主に暇を不乞出候儀、曲事候之間、相拘へからす、但まへの主に相届、慥合点有之ハ、不及是非事、

【読み下し文】

一つ、諸奉公人、侍のことは申すに及ばず、中間・小者・荒子に至るまで、その主に暇を乞わず出で候儀、曲事に候のあいだ、相拘うべからず、ただし前の主に相届け、たしかに合点これあらば、是非に及ばざること、

②一百姓その在所に在之田畠あらすへからす、其給人その在所へ相越、百姓と令相対検見を遂、其毛のうへ升つきをして、あり米三分一百姓に遣之、三分二未進なく給人可取事、

【読み下し文】

一つ、百姓その在所にこれある田畠荒らすべからず、その給人その在所へ相越し、百姓と相対せしめ検見(けみ)を遂げ、その毛(毛付、出来具合)のうへ、升つき(収穫高を算出)をして、有米三分一百姓にこれを遣わし、三分二未進なく給人取るべきこと、

③一自然其年により、旱水損の田地あらハ、一段に八木(米)壱斗より内ハ農料に不可相之条、百

姓にそのまゝとらせ、翌年の毛をつけ候様に可申付之、壱斗より上は、右に相定ことく、三分一・三分二に可応事、

【読み下し文】

一つ、自然（万一）その年により、旱水損の田地あらば、一段に米一斗より内は農料にあうべからざるの条、百姓にそのまゝとらせ、翌年の毛を付け候様にこれを申し付くべし、一斗より上は、右に相定むごとく、三分一、三分二に応ずべきこと、

④一百姓年貢をはゝみ、夫役以下不仕之、隣国他郷へ相越へからす、もし隠置輩にをいては、其身事ハ不及申、其在所中曲事たるへき事、

【読み下し文】

一つ、百姓年貢をはばみ、夫役以下これを仕らず、隣国他郷へ相越すべからず、もし隠し置く輩においては、その身の事は申すに及ばず、その在所中曲事たるべきこと、

⑤一其国その在所給人、百姓等諸事不迷惑之様令分別、年貢をも全取候やうに可申付之、代官以下に不任、念を可入、次対百姓等、若いはれさる儀を申懸やからあらは、其給人可為曲事事、

【読み下し文】

一つ、その国その在所給人、百姓等諸事迷惑せざるのよう分別せしめ、年貢をもまったく取り候ようにこれを申し付くべし、代官以下に任せず、念を入るべし、次に百姓等に対し、もし言われざる儀を申し懸く族あらば、その給人曲事たるべきこと、

⑥一升之儀、十合の斗升を以て、有様にはかり、以左右手壱可打、うち米ハ壱石につゐて十合の以小升可為二升、其外一切役米有へからさる事、

【読み下し文】

一つ、升の儀、十合の斗升をもって、有様に計り、左をもって右手一つ打つべし、うち米(口米)は一石について十合の小升をもって二升たるべし、その外一切役米あるべからざること、

⑦一其国々其在所、堤以下あらは、正月中農作に手間不入折から可加修理、但其堤大破之時、給人・百姓不及了見者、達　上聞、為　上可被仰付事、

【読み下し文】

一つ、その国々その在所、堤以下あらば、正月中農作に手間入らざる折から修理を加うべし、ただしその堤大破のとき、給人・百姓了簡に及ばざれば、上聞に達し、上として仰せ付けらるべきこと、

⑧一小袖・御服之外ハ、絹うらたるへし、但俄には不可成之条、ともうらの事、四月　日わたぬきたる間、其よりのち絹うらたるへき事、

【読み下し文】

一つ、小袖・御服の外は、絹裏たるべし、ただし俄（にわか）には成るべからざるの条共裏のこと、四月一日綿抜きたるあいだ、それよりのち絹裏たるべきこと、

⑨一諸侍（り脱カ）しきれはく事、一切停止也、御供之時は足なかたるへし、中間・こものハ不断可為足半事、

【読み下し文】

一つ、諸侍尻切（しりきれ）はくこと、一切停止なり、御供の時は足半（あしなか）たるべし、中間・小者は不断足半たるべきこと、

⑩一はかま・たひにうら付へからさる事、

【読み下し文】

一つ、袴・足袋に裏付くべからざること、

⑪一中間・小者革たひはくへからさる事、

【読み下し文】

一つ、中間・小者革足袋はくべからざること、

右条々若有違犯之輩者、可処罪科者也、

【読み下し文】

右の条々、もし違犯の輩あらば、罪科に処すべきものなり、

天正十四年正月十九日　御朱印

第一条で、「奉公人」の範囲を「侍」「中間・小者・あらし子」と明確に示している。のちの天正一九年八月二一日秀吉定に先行するものである。

また、ここでは天正一九年八月二一日秀吉定では「奉公人、侍・中間・小者・あらし子」と列記しているのに対し、「侍事ハ申に不及」と「侍」と「中間・小者・あらし子」とを「奉公人」という範疇で一体化しようとしている。そしてそこでの内容は、奉公人の無断の主替えの禁止であり、その点では従来と大きな変化はみられない。

他方、第二条で「百姓その在所に在之田畠あらすへからす」と百姓の職務を明示し、「奉公人」と「百姓」とを区分する。第三条～八条、一〇条は、奉公人に関するものではないが、第九条、第一一条で、「侍」「中間・小者」の履物・衣服を規定し、「侍」の履物は日常は尻切、供のとき

は足半、「中間・小者」は足半と定め、「中間・小者」の革足袋を禁じ、同じ奉公人身分のなかでも「侍」と「中間・小者」のあいだに格差が設けられている。なお、「尻切」は「尻切草履」の略で、爪先の部分の幅が広くかかとに当たる部分を狭く編んだ草履であり、「足半」はかかと部分のない短小な草履である。

天正一四年九月二一日には、美濃に領地を持っていた稲葉良通・稲葉典通・稲葉貞通らに宛てた秀吉覚（「豊後臼杵稲葉文書」『豊臣秀吉文書集』一九五八）の第一条において、「如御法度、諸奉公人・被官・家来・百姓等ニ至る迄、可為知行付候、若失人等隠置在所於有之者、領主ニ相届之上、万一至相紛者、其領主・在所共ニ可為成敗事(御法度のごとく、諸奉公人・被官・家来・百姓等に至るまで、知行付たるべく候、もし失人等隠し置く在所これあるにおいては、領主に相届けの上、万一相紛れるに至っては、その領主・在所ともに成敗たるべきこと)」と、「奉公人」は「被官・家来・百姓」とともに「知行付」であるとしている。この点は、のちに奉公人は領主に属するものとする位置づけとは異なる。

天正一五年四月二〇日の肥後八代攻めにあたって、その方策を述べた毛利輝元宛の朱印状(「高木文書」『豊臣秀吉文書集』二一六〇号）の二条目では、「奉公人・町人其外百姓男女にて五万も可有候ものを、ころさせられへき儀不便に被思召（奉公人・町人その外百姓男女にて五万もあるべく候ものを、殺させられべき儀不便に思し召され）」と「奉公人」と「町人」「百姓」を区別して捉えている。

天正一八年の小田原攻めに関しては、尾張の星崎・清洲などの諸城の留守居中に対し、「奉公人妻子在之家共陣取可相除旨、堅被仰付候（奉公人妻子これある家ども陣取相除くべき旨、堅く仰せ付けられ候」（「吉川家什書」『豊臣秀吉文書集』二九七〇）と、奉公人妻子が住まう家への陣取を禁じており、一種の奉公人保護策が講じられている。

小田原攻めを終え会津に侵攻した秀吉は、天正一八年八月一〇日、会津において奥羽国置目（「大東急記念文庫所蔵文書」『豊臣秀吉文書集』三三七七号ほか）を出す。その第一条で、今度の検地によって定めた年貢など以外に百姓に非分を申し懸けることを禁じ、第二条で、盗人の成敗、第三条で人身売買を禁じ、第五条で奥羽での刀狩り実施を、第六条で百姓の召し替えしを命じ、第七条で永楽銭の交換比率を定めるが、第四条で、「諸奉公人ハ面々以給恩其役をつとむへし、百姓ハ田畠開作を専ニ可仕事（諸奉公人は面々給恩をもってその役を勤むべし、百姓は田畠開作を専らに仕るべきこと）」と「奉公人」と「百姓」をその役をもって区別し、「奉公人」は給恩をもって役を勤めるものと明示する。

また同じ八月、宇都宮国綱に宛てた条々の第一条で、

**史料7「宇都宮氏家蔵文書」『豊臣秀吉文書集』三四一四号**

一諸奉公人事、侍儀者不及申、中間・小者・下男至る迄、其主人ニ暇を不乞他所へ罷出族有之者、慥使者を以三度迄可相届、其上扶持を不放付てハ、則可成敗事　付、相抱候者、他領ニ不可置、面々知行之者を召使、其領内ニ可置候、但、知行不召置以前ニ相抱者候ハ、不可及召返事、

【読み下し文】

一つ、諸奉公人のこと、侍の儀は申すに及ばず、中間・小者・下男に至るまで、その主人に暇を乞わず他所へ罷り出ず族（やから）これあらば、たしかな使者をもって三度まで相届くべし、その上扶持（ふち）を放たざるについては、則ち成敗すべきこと、付けたり、相抱え候者、他領に置くべからず、面々の知行の者を召し使い、その領内に置くべく候、ただし知行召し置かざる以前に相抱う者候はば、召し返しに及ぶべからざること、

と、奉公人が無断で主替えすることを禁じ、それに違犯したときには成敗するとし、さらに召し抱えた奉公人を他領に置くことを禁じ、領地のものを召し抱えるよう命じ、加えて領知以前に抱えたものは召し返してはならないとする。旧来の奉公関係の維持と新たな奉公は領地内という原

則がそこには示される。第二条では、「奉公人」とは区別して他郷へ逃げた「百姓」の召し返しが規定されている。

秀吉が奥羽から戻ったあとの天正一八年一二月五日、長束正家（なつかまさいえ）ら豊臣氏の奉行衆が近江の太田又介らに宛てたつぎのような連署状がある。

**史料8「平埜荘郷記」東京大学史料編纂所謄写本**

急度申入候、御代官所・自分知行之内浪人停止、可被相払事、

一主をも不持、田畠つくらさる侍、可被相払事、

一諸職人幷商売人、此心得仕来候ハヽ、可為其分、此触之後、彼主をももたす、田畠不作侍共、職人・商売仕候と申候共、地下可被相払事、

一奉公人之外、百姓之中ハ被改武具類可被取上事、

（中略）

右、御代官所・私之知行之内、由断にて猥儀をし候ハヽ、可為越度候間、可被得其意候、届如此候、以上、

長束大蔵大輔（正家）

天正十八年極月五日

増田右衛門尉（長盛）
小堀（出）播磨守（吉政）
富田左近将監（知信）
津田隼人佐（盛月）
民部卿法印（前田玄以）

太田又介（牛一）殿
称名寺
速水甲斐守（守久）殿

【読み下し文】

急度（きつと）申し入れ候、御代官所・自分知行のうち浪人停止、相払わるべきこと、

一つ、主をも持たず、田畠作らざる侍、相払わるべきこと、

一つ、諸職人ならびに商売人、この心得仕り来り候はばその分たるべし、この触の後、彼の主をも持たず、田畠作らざる侍ども、職人・商売仕り候と申し候とも、地下相払わるべきこと、

一つ、奉公人の外、百姓の中は武具類改められ、取り上げらるべきこと、

（中略）

右、御代官所・私の知行の内、油断にて猥りの儀をし候はば、越度たるべく候あいだ、その意を得らるべく候、届かくのごとくに候、以上、

第一条では、主を持たず田畠を耕作しない「侍」を村から払うことを命じ、第二条で、従来よりの諸職人・商売人の存村を認めるとともに、この触が出された以後に、主を持たず田畠を耕作しない「侍」が「職人・商売仕候」と申しても地下を払うよう命じている。これは、主を持ち、また田畠を耕作する奉公人の存在とそれを許容したことを示すとともに、それ以外の「奉公人」の在村を禁じたものといよう。

さらに第三条では、「奉公人」を除き、百姓からの武具類の取り上げを命じるが、「奉公人」の側に立てば、「奉公人」の武具類所持は認められていたことになる。

天正一九年八月二一日のいわゆる「身分統制令」については、前講で取り上げたように、「奉公人」の階層を「侍・中間・小者・あらし子(荒)に至る迄」とした上で、天正一九年七月の奥羽出勢以後、新儀に町人や百姓になったものを、その町中・地下人が改め、それらの者を置くことを禁じ、違犯したときは、「一町一在所」を成敗すると規定する。

そこでは、「奉公人」を町・村に置くことを一般的に禁じているのではなく、「新儀」に町人や百姓になったものを払い、それをとおして奉公人の身分移動を禁じている。その主たる目的は、「奉公人」確保にあったと推測される。

一方、第二条では、「在々百姓等」が田畠を打ち捨て、「あきない」や「賃仕事」に出ることを禁じ、また奉公もせず、田畠を耕作していないものについては、代官・給人が改め、村に居住することを禁じている。さらに、第三条では、侍・小者の無断の主人替えを禁じ、その違犯者への罰則を強化している。

## 秀次関白期

秀次関白期についても前講で取り上げた（一五五五～一六八ページ）。天正二〇年正月、秀次が出した五か条の条々の第一条で、唐入にあたって在陣中に、「侍・中間・小者・あらし子・人夫以下に至る迄」の欠落禁止と、それに関係した一類・在所の成敗を命じ、それとともに第四条で、「御陣」へ召し連れた百姓の田畠の作付けを郷中に命じ、それとは区別して第五条で、「御陣」に召し連れた「若党・小者」の取り替えについて指示する。

この時点での政権の「奉公人」に関する課題は、秀吉の出陣が三月であるものの、先陣はすでに出陣しており、この秀次条々が出された時点の課題は、すでに発生しつつあった「奉公人」の欠落への対策であったろう。

そしてこの秀次の五か条の朱印状を受けて、同年三月六日、安国寺恵瓊・佐世元嘉連署状が、吉川広家領に対して出され、その第二条で、「家数人数男女老若ともに一村切に」「奉公人は奉公人、町人は町人、百姓は百姓」と区別して書き出すよう求めた。

奉公人・百姓・町人を区別して書き上げたものとして、「厳島領家数人数付立之事」(「野坂文書」)があり、そこには、出家・社家・職人・商人とともに「奉公人五人渡唐十五人留守居」とみえる。

こうした改めは、天正二〇年五月二一日伊達政宗の代官である石田宗朝の起請文前書(『貞山公治家記録』)に、「在々所々村々家数、奉公人侍中間百姓舟人」を書き付けた帳面が作成されたことが知られることからも確認できる。

ついで文禄二年(一五九三)正月、各国領主の留守居に宛てた秀次朱印状で、秀吉の三月の渡海にあたり、「国々諸奉公人」については昨年正月の五か条の条目の旨を守り、高麗、また名護屋に在陣の面々に奉公するもので「寛ぎ」として帰国しているものは「侍・中間・小者・あらし子」にいたるまで、正月中に名護屋に参陣するよう求め、もし法度に違反するものは、本人はもちろん、「其所之代官・給人、別而地下人」までも「越度」と命じる。

こうした政権の方針は、この朱印状を受けて所司代の前田玄以(まえだげんい)に宛てて出された起請文案からも確認できる。

**史料9　『東寺百合文書』イ一一五号**

敬白起請文之事

去年唐入御陣ニ付而、五ケ条之御置目御朱印之通、聊相違申間敷候旨、起請ヲ書上申上候といへ共、尚以、来三月高麗へ御渡海ニ付而、重而以御朱印被仰出儀、存知仕事、

一侍・中間・小者・あらし子ニ至るまて、在所ニ年来居住之者之外、新儀参候者居住させ申間敷候、親子兄弟たりといふ共、武士奉公ニ出申者ニハ、一夜ノ宿をもかし申間敷候事、

一武士奉公人、商売人・諸職人ニ相紛来事可在之、其段念ヲ入可相改申、惣而、慥なる商売人・諸職人たりといふ共、新儀ニ来候者、置申間敷きの事、

右之通、若相背者於在之者、不移時日、親子兄弟ニよらす可申上候、若於相違者、

（神文略）

文禄弐年正月

民部卿法印（前田玄以）様　御奉行

【読み下し文】

敬白起請文のこと

去年唐入り御陣について、五ケ条の御置目御朱印の通り、いささか相違申すまじく候旨、起請を書き上げ申し上げ候といえども、なおもって来る三月高麗へ御渡海について、重ねて御朱印をもって仰せ出さる儀、存知仕ること、

一つ、侍・中間・小者・あらし子にいたるまで、在所に年来居住のもののほか、新儀に参り候もの居住させ申すまじく候、親子兄弟たりといふとも、武士奉公に出で申すものには、一夜の宿をもかし申すまじく候こと、

一つ、武士奉公人、商売人・諸職人に相紛れ来たることこれあるべし、その段、念を入れ相改め申すべし、惣じて、慥（たし）かなる商売人・諸職人たりといふとも、新儀に来り候もの、置き申すまじきのこと、

右の通り、もし相背くものこれあるにおいては、時日を移さず、親子、兄弟によらず申し上ぐべく候、もし相違においては、

第一条で、在所に年来居住のもの以外、新儀に来村するものの居住を禁止し、さらに親子兄弟

であっても武士奉公に出ている者には一夜の宿を貸してはいけないとし、新儀の奉公人の村への居留を排除する。第二条でも「武士奉公人」が「商売人・諸職人」にまぎれて居住することを排除するよう改め、また「慥なる商売人・諸職人」であっても、新儀に来るものを居住させることを禁じる。この両条とも、出兵にあたっての奉公人確保をめざしたものといえよう。

また、この間の天正二〇年五月一八日に秀吉は秀次に朝鮮出陣を命じるが、その二五か条の覚（「尊経閣古文書纂」）の第一五条に、「小者・若党以下、下々迄も可召置候、此方へ小者とも被為雇候之間、俄には不可有之候条、前廉其用意肝要候事（小者・若党以下、下々までも召し置くべく候、この方へ小者とも雇わせられ候のあいだ、にわかにはこれあるべからず候条、前かどその用意肝要に候こと）」とみえるように、秀吉による「小者」雇い上げによって、京都での「小者」雇用の逼迫が予測されており、そのなかで「小者」が特記されていることは、注意したい。

秀吉は、文禄二年八月一日に長束正家・山中長俊に宛てた「肥前国松浦郡波多三河守知行分検地条々」（「猪熊文書」）の第五条の付けたりで、「奉公人妻子其在々に可置之事（奉公人妻子その在々にこれをおくべきと）」と、「奉公人」の妻子をその在所に置くことを定めている。

## 秀次事件後

秀吉によって秀次が関白を追われ切腹させられた事件（秀次事件）後しばらくは、慶長二年（一五九七）の秀頼居城の条目を除くと、奉公人に関するものはみられないが、前講であげた慶長三年上杉景勝（うえすぎかげかつ）を越後から会津へ国替えさせるに際して出した正月一〇日付の秀吉の朱印状に奉公人がみえる。そこでは、「侍」はいうにおよばず「中間・小者」まですべての「奉公人」を会津へ召し連れるよう命じている。

また同年四月二日に、上杉氏の去った越後に転封を命じられた堀秀治・溝口秀勝宛の秀吉朱印状（「大阪城天守閣所蔵文書」「溝口文書」）に、「其方家中侍之事者不及申、中間小者下男其外奉公人たるもの、一人も不残召連、越後へ可罷越候（その方家中、侍のことは申すに及ばず、中間・小者・下男その外奉公人たるもの、一人も残さず召し連れ、越後へ罷り越すべく候）」と同様に指示されている。

このようにこの時点では、百姓とは区別された「奉公人」「侍」はいうまでもなく「中間・小者」も領主とともに新領地に移ることになったことがわかる。

以上を踏まえたうえで、この時期の奉公人の歴史的位置を次講で論じる。

**【参考文献】**


・朝尾直弘「十六世紀後半の日本」岩波講座『日本通史』近世1、一九九三年
・勝俣鎮夫「人掃令について」東京大学教養学部『歴史と文化』九二、一九九〇年
・久留島典子「『人掃令』ノート―勝俣鎮夫氏の所論によせて―」（永原慶二編『大名領国を歩く』吉川弘文館、一九九三年
・高木昭作「所謂「身分法令」と「一季居」禁令」尾藤正英先生還暦記念会編『日本近世史論叢』上、吉川弘文館、一九八四年
・藤井讓治「身分としての奉公人―その創出と消滅―」織豊期研究会編『織豊期研究の現在』岩田書院、二〇一七年
・藤木久志『雑兵たちの戦場』朝日新聞社、一九九五年

第七講

# 豊臣期「奉公人」の歴史的位置

## はじめに

前講で、豊臣期の奉公人の実態を、豊臣政権の段階を踏まえながら検討し、この期の奉公人が「身分」として存在したことを明らかにした。

本講では、当初に設定した二つ目の課題、「奉公人」の内実、性格などは、同じ「奉公人」と呼ばれても時期によって変化あるいは変遷するのではないかとの視角で分析し、豊臣期の奉公人の歴史的位置を検討する。

最初に、これまでの「奉公人」理解の変遷を跡づける。つぎに、豊臣期の「奉公人」の身分的特性を、無断の主人替え禁止、奉公人の武器所持、奉公人の居住地、奉公人需要と欠落という観点から論じ、最後に豊臣期の「奉公人」身分は江戸期には消滅することを明らかにする。

そして、これまでの中世から近世への移行期研究では、両者の連続あるいは断絶という相異なる捉え方のいずれの立場に立っても、近世的要素が時とともに一定の方向性をもって進み深化していくと理解してきたの対し、江戸期には必ずしもつながらない、また中世とも異なる豊臣期固有の権力編成や社会編成を想定することができるのではという見通しを示す。

# 「奉公人」理解の混乱

## 「奉公人」理解の変遷

一九九三年、勝俣鎮夫氏は、天正一九年（一五九一）八月二一日秀吉定（第五講史料1、一四九ページ）の第三条を、「主人替えの禁止条項で、戦国大名の家法に一般的にみられる被官＝家臣が他の主取りをすることを禁じた法の対象を武家奉公人にまで拡大したものといえます」（勝俣一九九三）としているように、そこでは「被官」と「武家奉公人」とが区別され、「被官」は「武家奉公人」と別で、その上位に置かれている。

同じ年、菊池浩幸氏は、中世後期、戦国期において「領主権力に個別従属する直属家臣（「被官・中間・下人」）」を「奉公人」と一括して捉え、「この時期（中世後期）の直属家臣は、①名字を有する「被官（若党）」、②名字を持たない「中間（小者）」、③名前を記さない「下人」の三階層に区分できる」とし、「被官」を「若党」とし、「奉公人」の一階層としている。ただ注意しておきたいのは、菊池氏が被官・中間・小者など「直属家臣を「奉公人」身分に属する者と定義したい」（菊池一九九三）とされる点である。

一九九六年、中野等氏は、天正一九年八月二一日秀吉定について「ここで整理の主対象となったのは「主をも不持、田畠つくらさる侍」であった。この階層を排除することで、統一政権下の村は一般の百姓と奉公人とを主な構成要素とする被支配身分のみの空間となった」（中野一九九六）と、「奉公人」を被支配身分としている点は注意しておきたい。

二〇〇九年、山本博文氏は、奉公人の出奔禁令と百姓の移動の禁令について述べたところで、「百姓を陣夫として動員すること、すなわち「奉公人」にすること」また「戦争に動員された百姓身分の者（「諸奉公人」）」（山本二〇〇九）と記しているが、「奉公人」は百姓役としての陣夫ではなかろう。

こうしたさまざまな捉え方に対し、根岸茂夫氏は、武家奉公人は「士分に付属しなければ合戦に参加できなかった」としたうえで、「武家奉公人」は、

騎馬の武士に付属する又者（またもの）すなわち陪臣層であり（中略）第一の戦闘補助員と第二の主人の供廻り、第三の輸送要員に分けることができる。第一の階層としては又若党が挙げられる。彼らは馬上の主人の戦闘を援ける役割を担い、又者の中で唯一両刀・具足を備えるが、姓はなく、一人前の武士としては認められていない。第二の階層は又草履取・又鑓担・並中間・

弘化3年(1846)刊『雑兵物語』(須原屋茂兵衛・勝村治右衛門・秋田屋太右衛門版)の挿絵。

又馬取などこれである。一般に中間・小者といわれる武家奉公人に相当する。彼らは具足はなく、原則として脇差のみであるが、『雑兵物語』では主人を守って合戦に参加し、持鑓担ぎが主人の鑓で騎馬武者を討ち取ったり、又草履取が主人の鉄炮で敵の首を取っている。

とする（根岸一九九三）。また、藤木久志氏は、戦国大名の軍隊は、かりに百人の兵士がいても、騎馬姿の武士はせいぜい十人足らずであった。あとの九十人余りは次の三種類の人々からなっていた。①その武士に奉公して、悴者（かせもの）とか若党（わかとう）・足軽（あしがる）などと呼ばれる、主人と共に戦う「侍」。②その下で、中間・小者・あらしこなどと呼ばれる、戦場で主人を補けて馬を引き、鑓を持つ「下人」。③夫・夫丸などと呼ばれる、村々から駆り出されて物を運ぶ「百姓」たちである。

とし、「①の若党や足軽は戦うことを許された戦闘要員であり、②の中間や小者や③の人夫は、戦闘からは排除されるのが建前（侍と下人の差）であったが、激戦の現場でそのような区別が通用したわけではない」とする（藤木一九九五）。

根岸氏と藤木氏では少しニュアンスを異にするところもあるが、根岸氏の第一、第二の階層、藤木氏の①②としたものを、本稿ではこの期の「奉公人」の姿としたい。この姿は、後述するように、江戸時代前期の、もはや戦闘に参加しなくなった「武家奉公人」の姿とは異なる。

## 奉公人と武士・兵

ここでの論点は、前述の「奉公人」理解ともかかわるが、「奉公人」を支配身分としての武士に属するものと捉えるか、また兵農分離というときの「兵」と捉えるのかという点である。ここでも、従来の研究では、必ずしも共通の理解が得られていないように思われる。

先にみずからの見解を示して置くと、豊臣期の「奉公人」は、「百姓」「町人」「職人」同様の被支配身分ではあるが、「兵」であると考えている。いいかえれば、「奉公人」は「軍隊の構成要素」であるが支配身分としての「士」ではない。

一九七五年、三鬼清一郎氏は、「人掃令をめぐって」（三鬼一九七五）において、天正一九年八月二一日秀吉定によって「武士身分と百姓・町人身分との分離の確定がみられた」（三鬼一九七五）とされるが、これは、高木昭作氏のこの法令の「奉公人」「侍」理解が出される以前で、それまでの大方の理解だったと思う。

一九八四年、高木昭作氏は、天正一九年八月二一日秀吉定の第一条について、「「奉公人」が総称であり、「侍」「中間」「小者」「あらしこ」などが、その内容を個別に挙げたものであることは明らかであろう」と述べた上で、「「侍」は若党であって武士一般ではない」とし（高木一九八四）、「武士一般」と「奉公人」を区別した。

一九九〇年、勝俣鎮夫氏は、「（天正一九年八月二一日秀吉定は）武家奉公人＝兵、町人・百姓の身分を確定し、奉公人と百姓と町人を区分した家数・人数帳の作成を実現しようとした基本法である」（勝俣一九九〇）とし、「奉公人」は「兵」とする。

一九九三年、朝尾直弘氏は、「この（豊臣期）体制のもとでは、奉公人の身分は家臣団に属した」（朝尾一九九三）と、「奉公人」を身分として捉え、かつ武士身分に属するものと理解しているように思える。

一九九五年、藤木久志氏は、天正一八年一二月五日豊臣氏奉行人連署状を検討し、「侍の浪人といえば、ふつう主家を失った武士を思い浮かべる。だがここでいう侍は、武士のことではない。彼らは「武士の面々」とは峻別して、「奉公人、侍・中間・小者・あらしこに至るまで」などと一括された、武家の社会ではごく身分の低い奉公人のことであった」とする（藤木一九九五）。ここでは、「奉公人」が武士とは峻別されるが、身分が低いとはいえ「武家社会」に属するものと捉えられている。

高木昭作氏の「奉公人」理解（高木一九八四）が示されて以降、「奉公人」「侍」を「兵」と捉える立場と、「奉公人」を「兵」とはしない立場・見解とがあるが、それを「武士」あるいは「武士身分」とすることを積極的に述べたものは多くはない。

この点を意識的に捉えたのは、兵農分離ではなく「士農分離」だとする塚本学氏であり（塚本二〇〇一）、またそれを受けた平井上総氏である。平井氏は、「士分ではない武家奉公人を武士と同一視すべきでない」、また「中世から豊臣期における奉公人も武士と異なる身分層として位置づけるべきであろう」と述べる。

この点は賛成であるが、後述するように、平井氏の「侍」の捉え方と私の「侍」の捉え方にはズレがある。さらに、平井氏は、「稲葉説・池上説ともに武家奉公人を「兵」の側に組み込んで分離・未分離を論じるが、武家奉公人と士分をともに「兵」身分と位置づけることには再検討が必要である」とし（平井二〇一三）、少なくとも「奉公人」は「兵」身分ではないとしているように思われる。

# 「奉公人」身分特性

## 無断の主人替え禁止

豊臣期の「奉公人」の姿を、前講で取り上げた史料に則しながら描いていこう。まず、「奉公人」の無断の主人替え禁止は、豊臣期特有のものではない。永禄二年（一五五九）三月二日今川家戦場定書（「松林寺文書」）の第五条に、「奉公人先主江暇を不乞主取仕候者見付次第当主人江相届、其上を以而急度可申付、又届有之而奉公人を逃候者、当主人可為越度事（奉公人先主へ暇を乞わず主取り仕り候者見付け次第当主人へ相届け、その上をもって急度(きっと)申し付くべし、また届これありて奉公人を逃し候もの、当主人越度(おちど)たるべきこと）」とみえるのを初めとして、無断主人替え禁止は、戦国以来の規定である。

本能寺の変以前でも、前にあげたように天正一〇年四月の定（前講史料3、一八六ページ）の第一条に、「一家中におゐて奉公人不寄上下、いとま不出にかなたこなたへ罷出輩在之ハ、可加成敗条可申上事」とある。

豊臣期での無断主替え禁止についても確認しておく。先にあげた天正一四年の秀吉定（前講史料6、一九四ページ）の第一条に、「一諸奉公人、侍事ハ申に不及、中間・小者・あらし子に至るまて、其主に暇を不乞出候儀、曲事候之間、相拘へからす、但まへの主に相届、慥合点有之ハ、不及是非事」とあり、また、天正一六年五月二五日に秀吉が、小早川隆景・吉川広家に与えた書状（『小早川家文書』『豊臣秀吉文書集』二四九八毫）でも、「侍・中間・小者・百姓等ニ至迄、如御法度其主ニ不乞暇輩、不可相拘、若不存、於抱置之者、慥其主人江相届、可召返、其時違乱仕候者、相拘者共ニ可為曲事也（侍・中間・小者・百姓等にいたるまで、御法度のごとくその主に暇を乞わざる輩、相抱うべからず、もし存ぜずこれを抱え置くにおいては、たしかにその主人へ相届け、召し返すべし、そのとき違乱仕り候はば、相拘うものともに曲事たるべきなり）」と命じている。

さらに、天正一八年八月、秀吉が宇都宮国綱に与えた条々の第一条においても、

**史料1「宇都宮氏家蔵文書」『豊臣秀吉文書集』三四一四号**

一諸奉公人事、侍儀者不及申、中間・小者・下男至る迄、其主人ニ暇を不乞他所へ罷出族有之者、慥使者を以三度迄可相届、其上扶持を不放付てハ、則可成敗事、

【読み下し文】

一つ、諸奉公人のこと、侍の儀は申すに及ばず、中間・小者・下男にいたるまで、その主人に暇を乞わず他所へ罷り出ず族これあらば、たしかな使者をもって三度まで相届くべし、その上扶持を放たざるについては、則ち成敗すべきこと、

としているように、無断主人替え禁止は、「奉公人」に対する基本的な政策だったといえる。

## 奉公人の武器所持

つぎに、「奉公人」の武器の所持について、取り上げる。戦闘補助員としての「奉公人」は、戦場では一定の武器を所持していたことは疑いないが、日常的にも武器所持が認められていたのかを確認しておこう。

天正一八年一二月五日の近江の太田又介らに宛てられた豊臣氏奉行衆連署状写に、「一奉公人之外、百姓之中ハ被改武具類可被取上事（一つ、奉公人の外、百姓の中は改められ武具類取り上げらるべきこと）」とあるように、百姓の武具類取り上げを指示しているが、奉公人は例外としている。言い換えれば、奉公人は武器を所持したことになる。

また、文禄二年（一五九三）四月一五日付の肥前松浦（まつら）隆信（たかのぶ）に宛てられた秀吉朱印状には、

**史料2　「松浦文書」京都大学古文書室影写本**

当国中武具改之儀被仰付候、刑部卿法印領内奉公人相除之、其外町人百姓以下駈之集可上候、其方案内者相副可申付候、下々猥族於有之者、可言上候、猶山中橘内可申候也、

卯月十五日（文禄二年）（朱印）（秀吉）

松浦道嘉（隆信）

【読み下し文】

当国中武具改めの儀仰せ付けられ候、刑部卿法印（松浦鎮信）領内奉公人これを相除き、その外町人・百姓以下これをかけ集め上ぐべく候、その方案内者相副え申し付くべく候、下々猥り（みだり）の族（やから）これあるにおいては、言上すべく候、なお山中橘内（長俊）申すべく候なり、

と、「武具改め」に際し「奉公人」はその対象から除かれており、その武器所持が認められている。

## 奉公人の居住地（村と町）と家

「奉公人」はどこに住んでいたのだろうか。これまで多くの研究が、村が奉公人の供給源である

との理解から、在村「奉公人」が注目されてきたが、まずこの点を、「奉公人」の町、都市居住という視点から検討しよう。

天正一一年閏正月二九日、秀吉は、脇坂安治(わきさかやすはる)らに宛てて、つぎのような書状を出した。

**史料3　「脇坂家文書」『豊臣秀吉文書集』五七八号**

尚以右之趣三色ニ付わけ可申候、聊不可有由断候、已上、

態申遣候、

一まへ村井所に奉公し候つるとんさい家之事、町人ニ売候之処、只今相改由候、此儀者曲事ニも無之者之事候条、其まゝ置可申候事、

一前曲事なる者之家をハ、町人ニ売候者、堅遂糺明可取上事、

一前曲事ニも無之奉公人之家、町人買候をハ、今更改候儀無用候、

右能々念をやり可申付候、恐々謹言、

閏正月廿九日（天正一一年）　秀吉(花押)

筑前守

脇坂甚内（安治）との
森兵吉（重政）との
か藤虎介（加藤清正）との

【読み下し文】

なおもって、右の趣三色に付け分け申すべく候、いささか油断あるべからず候、已上、

態と申し遣し候、

一つ、前に村井（貞勝）所に奉公し候つるとんさいの家のこと、町人に売り候のところ、唯今相改むる由候、この儀は曲事にもこれなき者のことに候条、そのまゝ置き申すべく候こと、

一つ、前に曲事なる者の家をば、町人に売り候もの、堅く糺明を遂げ取り上ぐべきこと、

一つ、前に曲事にもこれなき奉公人の家、町人買候をば、今更改め候儀無用に候、

右よくよく念をやり申し付くべく候、恐々謹言、

第一条で、信長時代の所司代村井貞勝に奉公していた「とんさい」が、町人に家を売り払った件について、秀吉は、それを脇坂らが改めたのに対し、「前曲事」なきものであるので、その売

却を認めるとし、第二条で、「前曲事」のものの家を町人に売ることを禁止し、第三条で、「前曲事」なき奉公人の家を町人に売ることを許容している。この一件から、奉公人が町に家を所持、居住していたことが分かる。

二つ目は、天正一三年三月に禁裏六丁町に与えた秀吉の禁制である。

**史料4　「川端道喜文書」『豊臣秀吉文書集』一三七六号**

禁制　　　　六町

一一切諸役幷徳政事、

一寄宿之事、

一諸奉公人不寄上下居住事、

　付、於為奉公人者、在京之時之号宿、構居所事、

右当町中者　禁裏様依為御近辺、従先々任免許旨、永不可有相違者也、仍所制如件、

天正十三年三月　日　（花押）（秀吉）

【読み下し文】

禁制　　　　六町

一つ、一切の諸役ならびに徳政のこと、
一つ、寄宿のこと、
一つ、諸奉公人上下によらず居住のこと、
　付けたり、奉公人たるにおいては、在京の時の宿と号し、居所を構うこと、
右当町中は、禁裏様御近辺たるにより、先々より免許の旨に任せ、永く相違あるべからざるものなり、仍て制すところ件のごとし、

この第三条で、「奉公人」の居住禁止や在京時の宿構えが制限されているが、この条文につづいて、禁裏六丁町が「禁裏様」「御近辺」であることを理由に、奉公人の居住が禁止され制限されたことがわかる。これを逆にみれば、禁裏六丁町以外の町での奉公人居住は許されていたことになる。

三つ目、秀吉は、天正一七年一二月に実相院・竹内門跡・吉田社に対し「聚楽廻奉公人屋敷」の替え地を与えている。替地の石高をみると、実相院の替地は六・六石（「実相院文書」『豊臣秀吉文書集』二七九五号）、竹内門跡の替地は五一・九一石（『京都府寺志稿』『豊臣秀吉文書集』二八五九号）、吉田の替地は三石（「吉田文書」『豊臣秀吉文書集』二八〇三号）、この三者の替

地の合計は、六一・五一石となり、屋敷の斗代を一・二石とすると、五一・二六反、坪に直すと一万五三七七坪となる。

替地を与えられたのはこの三件に限られないと思われるので、聚楽廻に奉公人の居住する巨大な規模の「聚楽廻奉公人屋敷」「奉公人」の町がこのときに形成されたことを推測できよう。

少し局面は異なるが、天正一八年の秀吉の小田原攻めに際し、尾張の諸城には小早川隆景らが入ることになる。そのことを諸城の留守居に知らせた二月二四日の秀吉の朱印状（「吉川家什書」『豊臣秀吉文書集』二九七〇号）には、「直奉公人共妻子有之家、不可有陣取旨堅被仰付間、可有其心得候也（直の奉公人ども妻子これある家、陣取りあるべからざる旨、堅く仰せ付けらるあいだ、その心得あるべく候なり）」と、奉公人の妻子が住む家に陣取ることを禁じている。これも城下に家族を持つ奉公人が居住していたことを示していよう。

奉公人の家という点については、在村の事例であるが、文禄二年八月一日長束正家・山中長俊宛の秀吉朱印状（「伊達弥助氏所蔵文書」）の第五条の付けたりに、「奉公人妻子其在々に可置之事（奉公人妻子、その在々にこれを置くべきこと）」という規定もみえる。

また、天正二〇年三月のいわゆる人掃いに際しての「厳島領家数人数付立之事」と題する雛形（「厳島野坂文書」）には、家数一〇〇〇軒の内に、社家・出家・職人・町人とともに「奉公人廿人内五人渡唐十五人留守居」とみえ、そこには、百姓は見えず、社家・出家・職人・町人と並んで「奉公人」があげられている。これも町居住を想定させるものかもしれない。

文禄三年、秀吉は尾張に鷹狩りに出掛けるが、その折、秀次の領地のようすを見てまわり、清須の町に「尾州在々所々より罷出」者の調査を命じる。そのときに作成された文禄三年四月三日の「清須町中之儀」（『駒井日記』）に、「三輪五右衛門請取分之町」一一一軒の内に四九軒の「奉公人」、「日比野下野分」七七五軒のうちに一四軒の「奉公人」がみえ、ここにも、城下居住の奉公人が確認できる。

最後に慶長二年（一五九七）三月七日の上坂八郎右衛門尉宛豊臣氏奉行連署の「京都御法度書之案文」（「上坂文書」）を見ておこう。

この「御掟」は京都を対象としたものと思われるが、その第一条、「辻切・すり・盗賊之儀付而、侍ハ五人組、下人は十人組ニ連判を続、右悪逆不可仕旨請乞可申事（辻切・すり・盗賊の儀について、侍は五人組、下人は十人組に連判を続け、右悪逆仕るべからざる旨請け乞い申すべきこと）」、第二条、「侍五人、下々十人より内之者ハ、有次第、組たるへき事」と、侍は五人組、下人は十人組に登録することを命じており、ここからも町居住の奉公人がかなり広範に存在したことを想定できよう。

このように、町場に「奉公人」が居住し、また十分には論証しきれていないが、そこには「奉公人」の家族がいて、単身の「奉公人」ではなく「家」を持った「奉公人」の存在を推測しえる。

在村の「奉公人」についても、述べておこう。天正一六年五月二五日石田三成・増田長盛連署で出された「高嶋郡百姓目安上候付書出条之事」(『増補駒井日記』)の第五条に、「在々所々内前よりの奉公人之儀ハ不及是非候、作来候田畠を捨、奉公ニ罷出候儀有之者、其給人代官江相届可召返事(在々所々のうち前よりの奉公人の儀は是非に及ばず候、作り来り候田畠を捨て、奉公に罷り出で候儀これあらば、その給人・代官へ相届け召し返すべきこと)」とあるように、在村の「奉公人」を認めている。

この条目は、文禄元年一二月二六日にも、ほぼ同文で「駒井中務少輔・益庵高嶋在々置目」(『増補駒井日記』)として出されており、奉公人の在村許可は継続している。

また天正一八年一一月五日の豊臣氏奉行人連署状(前講史料8、二〇二ページ)第一条では、主を持たず、田畠を耕作しない「侍」は村を払うこと、さらに第三条で、主を持たず田畠を耕作しない侍は、職人・商人であると申しても村を払うようにとしている。これは、いいかえれば主を持つ侍、あるいは田畠を耕作する「侍」の居住は許されていたことになる。

こうした在村の奉公人の存在は、文禄二年正月の起請文案(前講史料9、二〇七ページ)に

「侍・中間・小者・あらし子ニ至るまて、在所ニ年来居住之者之外、新儀参候者居住させ申間敷候（侍・中間・小者・あらし子にいたるまで、在所に年来居住のもののほか、新儀に参り候もの居住させ申すまじく候）」とあることからも確認できよう。

奉公人の在村については、池上裕子氏は、「武士自身が非常時に大勢必要となる奉公人を、扶持を与えて常時抱えておくことを嫌った」状況に「対応できるのが在村の奉公人である。戦争があると大量に必要となるが、戦争が終われば要らなくなる奉公人のもっとも安定した供給地が村なのである」とし、「兵農分離した武士を中心とした家中（最小限の在村奉公人は含む）と兵農未分離の在村奉公人という構造は必要で好ましいものだった」とする（池上二〇〇六）。しかし、在村の「奉公人」と大量に必要なときに村から徴発・雇用される人びととは同じであろうか。

### 奉公人需要と欠落

天正一九年八月一三日、加藤清正が、秀吉の「至大唐可被成御動座」の命を受けて国元の家臣に出した三五か条（「渋沢栄一氏蔵文書」）の第四条に、「侍・下人ニよらす、よハものをハ可残置候、国者・隣国者たりといふ共、奉公望之者有之者可被相拘事（侍・下人によらず、弱ものをは残し置くべし、国者・隣国の者たりといふとも、奉公望みの者これあらば相抱えらるべきこと）」と、

本能寺以降の秀吉の出陣から帰陣まで

| 年 | 出陣の帰陣月日 |
| --- | --- |
| 天正10年 | 6月9日出陣7月9日帰陣、12月7日出陣28日帰陣 |
| 天正11年 | 2月3日出陣3月27日帰陣、4月初め出陣5月5日帰陣 |
| 天正12年 | 3月11日出陣6月27日帰陣、7月8日出陣7月29日帰陣 |
| 天正13年 | 8月15日出陣9月晦日帰陣、10月22日出陣11月17日帰陣 |
| 天正15年 | 3月31日出陣4月26日帰陣、8月8日出陣⑧月27日帰陣 |
| 天正18年 | 3月1日出陣6月14日帰陣 |
| 天正20年 | 3月1日出陣9月1日帰陣 |
| 文禄2年 | 2月26日出陣7月29日帰陣、10月1日出陣 |
| | 8月25日帰陣 |

奉公人がこの段階で逼迫していたことが確認できる。

また、先にあげた天正二〇年五月一八日に秀吉が秀次に送った二五か条の覚（「尊経閣古文書纂」）の第一五条で小者・若党の確保を指示しているが、「此方へ小者とも被為雇候之間」（小者とも雇わせられ候のあいだ）とあるように「小者とも」は雇われるものであることがわかるとともに、「伜には不可有之候条（伜にはこれあるべからず候条）」とあることから、「小者」の雇用が逼迫していたことを窺わせる。

さらに文禄二年四月一四日にも清正は、国元への書状（「原富太郎氏蔵文書」）で鉄炮の増産を命じるとともに「国中昔之奉公人悉かりいたし、てつほう五百丁・千丁ニても早々可差渡候（国中昔の奉公人、ことごとくかりいたし、鉄炮五百丁・千丁ニても早々差し渡すべく候）」と報じており、ここにも「奉公人」需要の逼迫したようすを窺うことができる。

欠落する奉公人については、天正二〇年正月の秀次条々をはじめ、これまで挙げてきた多くの事例から、とくに朝鮮出兵期には深刻な問題となっていたことは、十分窺えよう。

もうひとつ、軍事行動の変化という視点から「奉公人」をみておこう。右の表は、本能寺以降の秀吉の出陣から帰陣までを概観したものである。

右の表によれば、秀吉の軍事行動は、年を追って長期化していることが窺える。領国外への軍事行動に加え、在陣期間の長期化は、それに応えられる奉公人を求めることになったはずであり、「奉公人」の性格にも少なからぬ影響を与えたと思われる。

奉公人需要の大きさ、欠落する奉公人への対処、他国への軍事行動、そしてその長期化が、奉公人が村や町に逃げ込むことを防ぐための「払い」や「改め」を実施させたといえよう。

朝尾直弘氏は、一九九六年、「農村から中間として下層家臣団が供給されてきます。戦時はそれで終わりですが、平時になるとそれがまた村へ帰ってくるという循環構造が成り立ちます」（朝尾一九九六）とし、下層家臣団と村との循環構造を提起することで、豊臣期から江戸時代への展開を説明する。

こうした捉え方は、平井氏が、

右にみた先行研究によって、まず兵農分離という言葉で想起される武士と百姓の関係の間に、中間的身分としての武家奉公人の存在が強く意識されるようになった。村や町から供給されるという幕藩体制下の武家奉公人の存在形態と、豊臣期の法令を連続して捉えることが可能になったといえよう。さらに、「身分法令」の示す奉公人と百姓・町人の区別が、豊臣政権による画期的な身分変革ではなく、奉公人問題という現実に展開する矛盾への対処として位置づけられたことが重要である。

と、豊臣期には「奉公人」身分が存在しないとする理解に近似し、そこには近世への連続的理解が示されている（平井二〇一二）。

こうした主張や考え方のあることを前提に、豊臣期に「奉公人」身分はあった、少なくとも「奉公人」を身分として捉えようとする政策があったと考えるとき、それがどのように江戸期に向かい展開していくかを提示しなければならないだろう。

先に触れたように、江戸時代の奉公人と豊臣期の奉公人とでは、共通する部分はあるが、軍事的職能という点では、違いは大きく、その内容・実態は大きく変化する。

慶長三年八月、秀吉は没する。その翌年五月、中村一氏（なかむらかずうじ）の領国、駿河で出された横田村詮（よこたむらあき）の法度に、

**史料5「佐藤武文氏所蔵文書」**

一御給人衆、小者之可仕役義ニ百性ヲ遣候ハんと被申候共、一切同心申間敷候、勿論所之地頭と申候共、御帳面ニ付候百性等奉公人ニ出候事、其村肝煎儀ハ不及申、隣家之者迄可有御成敗候、

【読み下し文】

一つ、御給人衆、小者の仕るべき役儀に百姓を遣い候はんと申され候とも、一切同心申すまじく候、勿論所の地頭と申し候とも、御帳面につき候百姓等奉公人に出で候こと、その村の肝煎(きもいり)儀は申すに及ばず、隣家のものまで御成敗あるべく候、

と、給人衆が、小者の勤める役儀に百姓が奉公人として出ることを禁じている。これは、秀吉が文禄三年に、尾張巡検後に尾張国内から清須に流入していた小者を村に返させた施策とほぼ軌を一にしている。

また慶長六年一〇月に、この法度とほぼ同様の内容を持つ福島正則領の備後国深津郡惣百姓中宛に出された「条々之事」の第三条に、

**史料6　「福山藩行政史」『静岡県史』近世資料編Ⅲ**

一所々給人と申候共、御帳面ニ付候百性之族奉公人ニ出候者、其村之肝煎・名主・庄屋之儀ハ不及申、隣家之者迄可有御成敗候、幷代官・給人衆にても小者ハ可仕役儀、百性遣候ハんと申候共、一切同心申間舗、不可差出事、

【読み下し文】

一つ、所々給人と申し候とも、御帳面につき候百姓の族奉公人に出で候もの、その村の肝煎・名主・庄屋の儀は申すに及ばず、隣家のものまで御成敗あるべく候、ならびに代官・給人衆にても小者は仕るべき役儀に、百姓遣い候はんと申し候とも、一切同心申すまじく、差し出すべからざること、

と、「御帳面ニ付候百姓」が「奉公人」に出ることを禁じ、さらに代官・給人が「小者がする役儀」に百姓を使うことを禁じている。

この二つの事例は、豊臣期に「奉公人」と一括されていた「小者」が、百姓を使うことで賄われていたことを示しており、この段階で奉公人としての「小者」の性格が変化しはじめたといえよう。

慶長一三年九月二五日に常陸笠間(かさま)城主松平康重(まつだいらやすしげ)の丹波八上城(やかみじょう)への転封に際し出された「就今度御国替御法度之条々」(『教令類纂』初集二)の第一条で、「侍共之儀ハ、壱人も不残可令共事(侍どもの儀は、一人も残らず供せしむべきこと)」と「侍共」を残らず召し連れることを命じており、少なくとも「侍」については慶長三年の上杉景勝の会津転封時と同じである。

しかし、第二条には、「新参之中間小者ハ、落付之所迄令供、其上ハ其身可任存分事(新参の

中間・小者は、落ち付くの所まで供せしめ、その上はその身存分に任すべきこと）」と、「新参」という限定付だが、「中間・小者」は供を命じられているが、その後の去就は「中間・小者」の意志にまかされている。そこでは「侍」と「中間・小者」とのあいだが分断され、「奉公人」としての一体性が失われはじめている。

元和三年（一六一七）七月二一日、上野高崎の酒井家次の越後高田、常陸土浦の松平信吉の上野高崎、信濃松本の小笠原忠真の播磨明石、伊予大洲の脇坂安元の信濃飯田への転封に際して将軍秀忠が黒印状として出した「国替之条々」（『教令類纂』初集二）の第七条には、「家僕之儀主従相対次第之事」とある。この「家僕」が「奉公人」を指すかについては、同日付の老中書立（『教令類纂』初集二）に、「奉公人之儀不寄上下御国替之所迄致供、主人ニ相対之上可令帰国（奉公人の儀、上下によらず、御国替の所まで供いたし、主人に相対のうえ帰国せしむべし）」とあることから、「奉公人」であることが分かる。

すなわち、遅くとも元和三年段階には、国替えにあたっての奉公人の去就については相対とされていたことが確認でき、そこでは最早、豊臣期の奉公人召し連れの原則は放棄されている。そしてこの主従相対の規範は、その後の「国替条々」などにおいても継承されていく。

この時期の国替えに従い、国替えの地にとどまった奉公人の行方について触れておく。つぎの史料は、享保一〇年(一七二五)正月五日の若狭小浜(おばま)藩足軽組のひとつ関東組の願書の一部である。

**史料7「関東組格式諸事覚書」「高石昭五文書」『小浜市史』藩政史料編二**

奉願口上書

(中略)

私共義者、空印様御国御拝領ニ而関東ゟ御供仕罷越、首尾相調、扨関東江罷帰申度旨御暇申上候処、其節被仰付候者、当所ニ居留り御奉公相勤申候ハゝ、御代々悪敷者被成間敷候、尤御普請・旅役等之義不及申、御代々被懸御目、幼少之忰ニ而も無相違跡式被仰付可被下御約束之御意ニ而難有奉存、無是非妻子を捨、御国ニ居留り申義、先々ゟ申伝候、

(中略)

正月五日

和田嘉右衛門様

経嶋茂左衛門様

【読み下し文】

願い奉る口上書(中略)

私ども儀は、空印様(酒井忠勝)御国御拝領にて関東より御供仕り罷り越し、首尾相調い、さて関東へ罷り帰り申したき旨御暇申し上げ候ところ、その節仰せ付けられ候は、当所に居留り御奉公相勤め申し候はば、御代々悪しくは成されまじく候、尤も御普請・旅役などの儀は申すに及ばず、御代々御目を懸けられ、幼少の悴(せがれ)にても相違なく跡式仰せ付けられ下さるべき御約束の御意にて、ありがたく存じ奉り、是非なく妻子を捨て御国に居留り申す儀、先々より申し伝え候、

とあり、寛永一一年(一六三四)、老中であった酒井忠勝(さかいただかつ)が武蔵川越から若狭小浜に転封となった際、川越から「御供」し、事が終わり、川越へ帰ろうとした「私共」に、忠勝から好条件が示され居留りを求められた結果、妻子をも捨て、若狭に留まることになったと書かれている。

この結果、川越から来た奉公人たちは、その後、特権を持つ足軽として、武士の最下層に編成されることになる。

江戸初期の奉公人の性格を窺うことのできるものとして、高札として掲げられた元和五年二月一〇日の条々(『御当家令条』92)がある。この条々の第八条に、「暇を不乞して欠落仕候者ハ、当主人え相届、可召返之、但御陣御上洛御普請之時は令堪忍、罷帰候上可返之(暇を乞わずして

欠け落ち仕り候ものは、当主人へ相届け、これを召し返すべし、ただし御陣・御上洛・御普請のときは堪忍せしめ、罷り帰り候うえこれを返すべし）」と、また第一〇条に、「御陣御上洛御普請之砌、令欠落者、別て曲事也、然上は請人より尋出し、主人方へ可相渡之（御陣・御上洛・御普請のみぎり、欠け落ちせしめば、別て曲事なり、しかるうえは請人より尋ね出し、主人方へこれを相渡すべし）」と、御陣・御上洛・御普請を逃れようとする奉公人の姿、またそれを限定付きながら認める領主の姿をそこにみることができる。

豊臣期に戦闘補助員としての職能を持った「奉公人」は、江戸初期には、もはやその機能を喪失し、新たな性格を持つ「奉公人」として立ち現れたと捉えられるであろう。「一季居」の問題もこうした動向のなかで捉えられるかと考える。


【参考文献】

・朝尾直弘「十六世紀後半の日本」岩波講座『日本通史』近世1、一九九三年
・朝尾直弘「兵農分離と戦後の近世史研究」『歴史科学』一四五、一九九六年
・池上裕子「日本における近世社会の形成」『歴史学研究』八二一、二〇〇六年
・勝俣鎮夫「人掃令について」東京大学教養学部『歴史と文化』九二、一九九〇年

・勝俣鎮夫「『身分統制令』と『人掃令』」『歴史と地理』四六〇、一九九三年
・菊池浩幸「戦国期人返法の一性格」『歴史評論』五二三、一九九三年
・高木昭作「所謂「身分法令」と「一季居」禁令」尾藤正英先生還暦記念会編『日本近世史論叢』上、吉川弘文館、一九八四年
・塚本学『生きることの近世史』平凡社、二〇〇一年
・中野等「「唐入り」と「人掃」令」『新しい近世史2　国家と対外関係』新人物往来社、一九九六年
・根岸茂夫「『雑兵物語』に見る近世の軍制と武家奉公人」『國學院雑誌』九四―一〇、一九九三年
・平井上総「兵農分離政策論の現在」『歴史評論』七五五、二〇一三年
・藤井譲治『戦国乱世から太平の世へ』岩波新書、二〇一五年
・藤井譲治「身分としての奉公人―その創出と消滅―」織豊期研究会編『織豊期研究の現在』岩田書院、二〇一七年
・藤木久志『雑兵たちの戦場』朝日新聞社、一九九五年
・三鬼清一郎「人掃令をめぐって」『名古屋大学日本史論集』下、一九七五年
・山本博文「「人掃令」と「身分法令」」『天下人の一級史料』柏書房、二〇〇九年

第八講

# 秀吉の朝鮮出兵

## はじめに

第八講と第九講では、秀吉の朝鮮出兵を取り上げる。秀吉の朝鮮出兵は、当初から朝鮮をめざしていたのではなく、「唐入り」と当時の史料にみえるように、中国（明）をその対象としていた。

秀吉は、天正一三年（一五八五）九月、「唐入り」をはじめて口にし、ついで同一四年六月、対馬の宗義調（そうよししげ）に筑紫への動座の際に高麗へ軍勢を遣わすことを告げ、さらに同一五年五月の薩摩在陣時にも、朝鮮への軍勢派遣を伝える。これに対し、宗氏が高麗国王の出仕交渉にあたることで出兵はひとまず中止されるが、一〇月、秀吉は、来春博多へ動座し「唐・南蛮・高麗国」までみずからの意のままとするつもりなので、出仕問題を早急に処理するよう求めた。さらに同一六年三月にも出兵の意向を伝えるが、宗氏が夏中にみずから渡海し交渉にあたるとしたため、出兵を再度思い止まる。

いっぽう、朝鮮は、宗氏の再三にわたる求めに応じて使節を派遣する。使節は、天正一八年三月、漢城（ハンソン）を発ち、七月に京都に着く。秀吉はすぐには朝鮮使節には逢わず、一一月、聚楽第（じゅらくてい）で使節を引見する。この使節来朝を秀吉は、朝鮮の日本への服属と捉え、それを前提に、朝鮮国王に

「唐入り」の先導役を務めるよう求めた。

天正二〇年三月、秀吉は唐入りの軍事動員を開始する。しかし、朝鮮が秀吉の要請を断ると、その矛先は朝鮮に向けられた。朝鮮での侵攻が順調に進むなか、五月、秀吉は、中国制圧後の中国・朝鮮・日本の統治計画「三国国割構想」を明らかにし、後陽成（ごようぜい）天皇を北京（ペキン）へ移す構想を提示する。

## 秀吉の「唐入り」構想

### 天正一三年、一四年段階

秀吉の「唐入り」構想については、天正一三年（一五八五）九月三日、秀吉が美濃大垣城に置いた一柳直末（ひとつやなぎなおすえ）に、蔵入地支配について指示した朱印状（「三渓園所蔵文書」『豊臣秀吉文書集』一六一四号）の第三条で、加藤作内に加増を重ね、このたびは、美濃大垣城廻りで二万貫を与え、七〇〇〇石の代官を申し付けたことにつづけ、「秀吉日本国事ハ不及申、唐国迄被仰付候心ニ候歟（秀吉、日本国ことは申すに及ばず、唐国まで仰せ付けられ候心に候か）」と述べたのが初めてである。しかし、ここでは秀吉の領土拡張への意気込みを表現したのにとどまっている。

秀吉の唐入りが明確な形で示されたのは、天正一五年の島津攻めの前年、天正一四年六月一六日付の対馬の宗義調（そうよししげ）に宛てた判物（はんもつ）においてである。

**史料1**　「宗家文書」『豊臣秀吉文書集』一九〇〇号

卯月二日書状、今月十一日到来、加披見候、仍為音信、虎皮十枚幷豹皮十枚進上、悦入候、就中於日本地者、東日下迄悉治掌、天下静謐事条、筑紫乍見物、可被成動座候、其刻高麗国へ被遣御人数、成次第可被仰付候之間、其砌忠節可被申上候、依其動国郡等、某々仁為褒美可被下候之条、可遂薫(勲)功儀、尤被思召候、猶利休居士可申候也、

六月十六日　(花押)(秀吉)

宗讃岐守(義調)とのへ

【読み下し文】

卯月(うづき)二日の書状、今月十一日到来、披見を加え候、よって音信(いんしん)として虎皮十枚ならびに豹皮十枚進上、悦び入り候、なかんずく日本の地においては、東は日の下までことごとく治掌、天下静謐のことの条、筑紫へ見物ながら動座(どうざ)なさるべく候、その刻高麗国へ御人数(軍勢)を遣わされ、なり次第仰せ付けらるべく候のあいだ、その砌(みぎり)忠節申し上げらるべく候、その動き(はたら)により国郡等、某々に褒美として下さるべく候の条、勲功を遂ぐべき儀、尤(もっとも)に思し召(おぼめ)され候、なお利(千)休居士申すべく候也、

この判物において、いまだ島津攻めは決定していなかったものの、筑紫への動座の際に高麗へ軍勢を派遣する計画のあることを告げ、宗氏らに忠節を遂げるよう求めている。

### 天正一五年の島津攻め

天正一五年三月一日、秀吉は島津攻めのために大坂を発った。そのことを記した興福寺の僧英俊(えいしゅん)の『多聞院日記(たもんいんにっき)』同年三月三日条に、秀吉出馬の記事につづけて、「高麗・南蛮・大唐マテも可切入ト聞ヘタリ、抑(そもそも)大篇ノ企、前代未聞也」とみえ、島津攻めが拡大し「高麗・南蛮・大唐」まで攻め入ると噂されていたことが分かる。

そして薩摩在陣中の五月四日、秀吉は、宗義調につぎのような朱印状を送った。

**史料2** 「宗家文書」『豊臣秀吉文書集』二一七六号

去月十三日書状、今月四日於薩州千台川到来、殊差越柳川権助、鷹五居弟兄幷花莚十枚・弓五十帳(張)・同矢、悦思食候、抑九州儀悉平均被仰付、早被御隙明候間、至高麗国御人数可被差渡候之条、成其意、可抽忠儀事肝要候、然者只今人質雖進上候、猶以実子可相越候、於延引者不可然候、尚小西日向守可申候也、

五月四日　(朱印)(秀吉)

宗讃岐守(義調)とのへ

【読み下し文】

去月十三日の書状、今月四日薩州千台川（川内川）において到来、殊に柳川権助（調信）を差し越し、鷹五居弟兄（弟鷹・兄鷹）ならびに花莚十枚・弓五十張・同矢、悦び思し召し候、そもそも九州儀ことごとく平均仰せ付けられ、早や御隙を明けられ候あいだ、高麗国に至り御人数差し渡さるべく候の条、その意をなし、忠儀を抽きんずべきこと肝要に候、しからば只今人質進上候といえども、なおもって実子相越すべく候、延引においては然るべからず候、なお小西日向守（行長）申すべく候なり、

本朱印状は、九州平均がなろうとしているいま、高麗へ軍勢を派遣するのに際し、宗氏に忠義を求め、かつ実子の人質を命じたものである。ここでも軍勢の派遣先は高麗である。これに対し、宗氏が高麗国王の出仕交渉にあたることで出兵はひとまず中止される。

天正一五年一〇月一四日、京都にいた秀吉は、宗義調父子につぎのように申し送った。

**史料3**　「**宗家文書**」『**豊臣秀吉文書集**』二三五五号

態染筆候、肥後国(前)一揆等少々令蜂起付而、為可成敗、小早川左衛門佐・黒田勘解由、森壱岐被差遣候、毛利右馬頭も自身罷立候、猶様子為可被聞召、小西摂津守被差遣候、依一左右、

御人数之儀、大和大納言・江州中納言・備前宰相、其外四国之者共を始、出陣之儀可被仰付候、九州之儀者五畿内同前ニ被思召候条、何之道ニも堅被仰付候ハて不叶儀候、殿下も来春者、至博多被成御動座、唐・南蛮・高麗国迄可被仰付候、然者高麗国之儀、以最前筋目、急度相究可申越候、猶小西可申候也、

十月十四日（天正一五年）（朱印）（秀吉）

宗讃岐守（義調）とのへ

宗対馬守（義智）とのへ

【読み下し文】

わざと筆を染め候、肥前国一揆等少々蜂起せしむるについて、成敗すべきため、小早川左衛門佐（隆景）・黒田勘解由（孝高）、森壱岐（毛利吉成）差し遣わされ候、毛利右馬頭（輝元）も自身罷り立ち候、なお様子聞こし召さるべきため、小西摂津守（行長）差し遣わされ候、一左右により御人数の儀、大和大納言（豊臣秀長）・江州中納言（豊臣秀次）・備前宰相（宇喜多秀家）、その外四国のものどもをはじめ、出陣の儀仰せ付けらるべく候、九州の儀は五畿内同前に思し召され候条、何れの道にも堅く仰せ付けられ候はで叶わざる儀に候、殿下（秀吉）も来春は博多にいたり御動座なされ、唐・南蛮・高麗国まで仰せ付け

らるべく候、然らば高麗国の儀、最前の筋目をもって、きっと相究め申し越すべく候、なお小西申すべく候なり、

この朱印状では、肥後での一揆に続き、肥前で起こった一揆鎮圧のために派遣される軍勢のようすを報じたものであるが、後半で、来春には秀吉みずからが博多に動座し、唐・南蛮・高麗まで平定すると告げて、高麗国の出仕問題を早急に処理するよう求めた。ここに改めて唐が記され、新たに南蛮が加わる。なお同日付の小早川隆景・黒田孝高・毛利吉成宛の朱印状では「唐国までも可被仰付与」（「黒田家文書」『豊臣秀吉文書集』二三五三号）とみえる。

ここで注意したいのは、秀吉の唐入り構想・高麗出兵計画が、天下一統以前に構想されていたことである。

天正一六年三月、秀吉は、重ねて宗氏に出兵の意向を伝えるが、宗氏が夏中にみずから渡海し交渉にあたるとしたため、出兵は再度延期された。

同年八月、島津義久は、琉球国王に対し、秀吉による天下一統、高麗の「出頭」、「唐土・南蛮両州」からの使者派遣のうわさのあることを告げ、このままだと兵船が琉球に派遣され「滅却」の事態となろうと、秀吉への使節派遣を促した。これに対し、琉球国王は、翌年五月、全国統一

と天下太平とを賀す書と使節とを秀吉に送った。これを琉球の服属と秀吉は捉えた。

天正一七年、朝鮮は、宗氏の再三にわたる求めに応じて使節を派遣することを決定するが、その報を得た秀吉は、一二月二八日、「寒天」を理由に「国主参洛」を来春まで延期するよう指示した。そして天正一八年三月、朝鮮使節は、漢城を発ち七月に京都に着いた。

同じ天正一八年三月、秀吉は、小田原北条氏攻めと奥羽仕置のため京都を発った。京都に戻る直前の八月、秀吉は、小西行長・毛利吉成に来春の「唐入り」を伝え、その準備を命じた。

九月一日、秀吉は京都に戻るが、すぐには朝鮮使節には会わず、一一月になって聚楽第で使節を引見した。朝鮮国王の国書は、秀吉の国内統一を賀すものの、秀吉が求めた服属を表すものではなかったが、秀吉は、使節来朝を朝鮮の日本への服属と捉え、それを前提に、朝鮮国王に「征明嚮導」、明を征服するためにその先導役を務めることを求めた。

天正一八年末に京都を発った朝鮮使節に同行した宗氏の使者は、秀吉が求めた「征明嚮導」をすり替え「仮途入明」、すなわち明を攻めるにあたって道を貸すよう懇請した。

## 御土居の築造

天正一九年閏正月、秀吉は、京都を取り巻く御土居の築造を開始した。

**史料4　『三藐院記』**

天正十九年壬正月ヨリ洛外ニ堀ヲホラセラル、竹ヲウヘラルヽ事モ一時也、二月ニ過半成就也、十ノ口アリト也、此事何タル興行ソト云ニ、悪徒出走ノ時ハヤ鐘ヲツカセ、ソレヲ相図ニ十門ヲタテヽ、其内ヲ被捲為ト也、

【読み下し文】

天正十九年壬正月より、洛外に堀を掘らせらる、竹を植えらるることも一時なり、二月に過半成就なり、十の口ありとなり、このこと何たる興行ぞと云に、悪徒出走の時、早鐘をつかせ、それを合図に十門を立てて、その内を捲かるためとなり、

御土居築造の目的については、従来、秀吉による都市京都の大改造という脈略で語られてきたが、朝鮮出兵を控え、また後述する秀吉の三国国割構想からすれば、京都の治安維持にあったと考えるのが妥当だろう。

七月、秀吉は、インド副王への返書で、日本統一の過程を述べたうえで、「大明」を治める志があり、さらに日本は神国であるのでキリシタンを禁じるが、貿易は許すと報じた。

八月二一日、第五講であげたいわゆる「身分統制令」が出る（二四九ページ）。そこでは武家奉公人の確保がめざされ、それは「唐入り」への準備策であった。

九月、秀吉は、フィリピン政庁に服属を求める書翰を送り、秀吉の誕生の奇瑞を述べ、若くして大名となり一〇年を経ずして日本を統一し、一方で朝鮮・琉球から使節が来朝し、いまや「大明国」を征せんとしていると、服属を求めた。

この段階で、秀吉の「唐入り」構想は、明を含めた東アジア世界に膨張していった。

## 「唐入り」「朝鮮出兵」開始

### 「仮途入明」から朝鮮「退治」へ

天正一九年一二月、秀吉は、関白職を甥の秀次に譲り、来春三月の高麗渡海を表明した。翌天正二〇年正月、「掟」出す。

**史料5　「毛利文書」『豊臣秀吉文書集』三八七五号**

掟

今度大明国御動座に付て、国々海道筋、其外軍勢陣取之在々、地下人百姓等、家を明於令逃散者、可為曲事、宿々町なミ如有来商買可仕、自然陣取往還諸人、或押買押売、或乱妨狼藉輩、可為一銭切、其外猥儀於有之者、如御法度可被加御誅罰者也、

天正廿年正月五日　（朱印）(秀吉)

【読み下し文】

今度大明国御動座について、国々海道筋、その外軍勢陣取りの在々、地下人・百姓等、家

を明け逃散せしむるにおいては、曲事たるべし、宿々町並有り来たるごとく商買仕るべし、自然陣取り往還の諸人あるいは押し買い押し売り、あるいは乱妨狼藉の輩、一銭切りたるべし、その外猥りの儀これあるにおいては、御法度のごとく御誅罰を加えらるべきものなり、

この掟の冒頭に「今度大明国御動座に付いて」とあるように、この軍事行動の対象は「大明国」であると明示された。この立場から秀吉は、朝鮮の「服属」を前提に「唐入り」にあたっての朝鮮通行を求めた。しかし朝鮮は、それを拒否した。

**史料6　「宗家文書」『豊臣秀吉文書集』三八八六号**

就唐入儀、高麗国御人数被成御通候、然者高麗国儀、先年以名代御礼申上候条、無御別儀候、右之趣其方高麗へ可申聞由、御理申上候付而、三月中壱岐・対馬仁、在陣儀被仰付候、若人数相通候事、於覃異儀者、卯月朔日御人数被差渡、高麗国可有御退治候条、可成其意候、則小西摂津守被差添候也、

正月十八日（天正二〇年）（朱印）（秀吉）

羽柴対馬侍従（宗義智）とのへ

【読み下し文】

唐入りの儀について、高麗国御人数お通しなされ候、然らば高麗国の儀、先年名代をもって御礼申し上げ候条、御別儀なく候、右の趣その方高麗へ申し聞くべく由、御理（ことわ）り申し上げ候について、三月中壱岐・対馬に在陣の儀仰せ付けられ候、もし人数相通し候こと、異儀に及ぶにおいては、卯月朔日御人数差し渡され、高麗国御退治あるべく候条、その意を成すべく候、則ち小西摂津守(行長)差し添えられ候なり、

ここでは、秀吉は先年（天正一八年）に朝鮮使節が日本に来て礼を済ませたことから、朝鮮は秀吉の軍勢が通過することを認めるはずだとしながらも、もし朝鮮が同意しなければ、朝鮮を「退治」すると述べている。

そして三月、小西行長は、諸将とともに渡海を開始するが、この段階では「仮途入明」から朝鮮「退治」へと軍事行動の目的は変化した。

宗義智（よしとし）・小西行長らを第一軍、加藤清正・鍋島直茂らを第二軍とし、合計九軍一五万八七〇〇人が渡海し、日本軍は朝鮮側の大きな抵抗もなく進攻する。

## 漢城入城

三月二八日、秀吉は、肥前名護屋に向けて大坂を発った。途次は比較的ゆっくりとしたものであった。四月一九日、小西行長の釜山浦(プサンポ)上陸の報を豊前小倉付近で受け、名護屋着陣の二五日に朝鮮仕置の方針として、占領地での百姓還住、漢城(ハンソン)への進軍、朝鮮国王が「大明国へ御案内者」を承諾すれば赦免する、ことなどを指示した。

四月二六日には、加藤清正に「高麗口」より漢城までの路次に秀吉の「御座所」の普請を命じた。

**史料7「尊経閣古文書纂」『豊臣秀吉文書集』四〇三四号**

掟　　　高麗国中

（中略）

一高麗渡口より都までの路次通、御泊所城々有之而、各隙明次第ニ御座所之普請可仕旨、可申渡候、付在番仕候城近所、其者法度以下申付、知行方糺明可仕事、

右之趣、能々相守、諸事無油断可申付候也、

天正廿年卯月廿六日　（朱印）（秀吉）

加藤主計頭（清正）とのへ

【読み下し文】

一つ、高麗渡り口より都（漢城）までの路次通り、御泊所城々これありて、各隙明（ひまあ）き次第に御座所の普請仕るべき旨申し渡すべく候、付けたり、在番仕り候城近所、その者法度以下申し付け、知行方糺明仕るべきこと、

右の趣、よくよく相守り、諸事油断なく申し付くべく候なり、

五月三日、日本軍は漢城に入った。これに先立ち四月二九日、朝鮮国王は漢城を脱出した。

五月六日、漢城入城の報が到達する前に朝鮮での快進撃の報に接した秀吉は、北政所（きたのまんどころ）に「九月のせつく（節句）はから（唐）にてうけとり可申と存候」（徳川美術館蔵）と報じ、明への侵攻を現実のものと考えはじめた。

## 関白秀次への指示

五月一六日、清正から五月二日（実際は三日）漢城入城の報を受け、朝鮮国王の探索と「御座所」の普請を命じた。

その二日後の五月一八日、名護屋にいた秀吉は、聚楽にいる関白秀次宛に二五か条からなる朱

印状を送った。

**史料8　「尊経閣古文書纂」『豊臣秀吉文書集』四〇九七号**

覚

①一殿下陣用意不可有由断候、来年正二月比可為進発事、

【読み下し文】

一つ、殿下（豊臣秀次）陣の用意油断あるべからず候、来年正、二月ころ進発たるべきこと、

②一高麗都去二日落去候、然間、弥急度被成御渡海、此度大明国迄も不残被仰付、大唐之関白職可被成御渡候事、

【読み下し文】

一つ、高麗の都、去る二日落去候、然るあいだ、いよいよきっと御渡海なされ、この度大明国までも残らず仰せ付けられ、大唐の関白職御渡しなさるべく候こと、

③一人数三万可召連候、兵庫ゟ船にて可被相越候、馬計陸地被差越候事、

【読み下し文】

一つ、人数三万召し連るべく候、兵庫より船にて相越さるべく候、馬ばかり陸地差し越さ

れ候こと、

④一三国中御敵対可申者雖無之、外聞実儀候間、武具之嗜専一候、下々迄も其通可被中聞事、

【読み下し文】

一つ、三国中御敵対申すべき者これなくといえども、外聞実儀候あいだ武具の嗜み専一に候、下々までもその通り申し聞かさるべきこと、

⑤一召具候者共、人持之内へ三万石、馬廻之内へ弐万石可借遣候、金子も似合〳〵可被借遣事、

【読み下し文】

一つ、召し具し候ものども、人持のうちへ三万石、馬廻のうちへ二万石借し遣わすべく候、金子も似合〳〵に借し遣わさるべきこと、

⑥一京都為御城米被裹置候八木は、不可有手付候、其外卅万石最前被進之候八木陣用意に召遣、不足候者、太閤御蔵米入次第可被召仕事、

【読み下し文】

一つ、京都御城米として裹み置かれ候八木（米）は、手付けあるべからず候、その外三十万石最前これを進められ候八木、陣の用意に召し遣い、不足候はば、太閤御蔵米入り次第召し仕わさるべきこと、

⑦一のし付刀・脇指千腰可有用意候、余大に候へハ、さし候物遠路令迷惑候間、刀七両・脇指三両あまりにて可申付事、

【読み下し文】

一つ、のし付の刀・脇指千腰用意あるべく候、余に大きに候へば指し候もの遠路迷惑せしめ候あいだ、刀七両・脇指三両あまりにて申し付くべきこと、

⑧一のしつけの長刀卅えた、熨斗付の鑓廿本、此外は無用之事、

【読み下し文】

一つ、のしつけの長刀三十枝、熨斗(のし)付の鑓(やり)二十本、この外は無用のこと、

⑨一長柄鑓ハゑを金に可仕候、毛之なけさやは無用に候、大坂にも樫柄之枯候て置候可有之候間、用所候ハヽ可召寄候事、

【読み下し文】

一つ、長柄の鑓は柄を金に仕るべく候、毛の投げ鞘は無用に候、大坂にも樫柄の枯れ候て置き候これあるべく候あいだ、用所(ようしょ)候はば召し寄すべく候こと、

⑩一金子手前在之分、払底候て事欠候者、聚楽に在之銀子壱万枚大坂へ遣之、大坂之金子千枚可召寄候、但、五百枚用所候ハヽ、銀子五千枚替に可遣之候、いか程にても可為十分

一候事、

【読み下し文】

一つ、金子手前にこれある分、払底候てこと欠き候はば、聚楽にこれある銀子一万枚大坂へこれを遣し、大坂の金子千枚召し寄すべく候、ただし五百枚用所候はば、銀子五千枚替にこれを遣うべく候、如何ほどにても十分一たるべく候こと、

⑪一段子・金襴・唐織物類用所候ハヽ、以註文可被申候、いかほとも可被遣之事、

【読み下し文】

一つ、段子・金襴（きんらん）・唐織物類用所候はば、註文をもって申さるべく候、いかほとも遣わさるべきのこと、

⑫一具足之おい五六丁可持之候、余多は無用之事、

【読み下し文】

一つ、具足の笈（おい）五六丁これを持つべく候、余多（あまた）は無用のこと、

⑬一御馬とも只今高麗へ半分被曳候、名護屋ニ鞍道具共ニ被残置候間、自其方数多曳候儀無用候、広島にも十疋被置候条、従彼所可被引替候、能々可飼置之旨可申聞由、西尾被仰遣候事、

【読み下し文】

一つ、御馬とも只今高麗へ半分曳かれ候、名護屋に鞍道具ともに残し置かれ候あいだ、その方より数多曳き候儀無用候、広島にも十疋置かれ候条、彼所より引き替えらるべく候、よくよく飼い置くべきの旨申し聞くべき由、西尾（光教）仰せ遣わされ候こと、

⑭一名護屋・高麗所々御兵粮沢山ニ有之事候間、不及用意候、路次中之覚悟計可被仕候事、

【読み下し文】

一つ、名護屋・高麗所々御兵粮沢山にこれあること候あいだ、用意に及ばず候、路次中の覚悟ばかり仕らるべく候こと、

⑮一小者・若党以下、下々迄も可召置候、此方へ小者とも被為雇候之間、俄にハ不可有之候条、前廉其用意肝要候事、

【読み下し文】

一つ、小者・若党以下、下々までも召し置くべく候、この方へ小者ども雇わさせられ候のあいだ、にわかにはこれあるべからず候条、前廉（まえかど）その用意肝要に候こと、

⑯一丹波中納言此方へ可召寄候条、令用意、一左右可相待候、八月以前たるへく候、借米等之儀、山口かたへ被仰遣候、八月以前ニ被召寄、高麗か名護屋之御留守可被仰付事、

【読み下し文】

一つ、丹波中納言（豊臣秀俊）この方へ召し寄すべく候条、用意せしめ、一左右相待つべく候、八月以前たるべく候、借米などの儀、山口（正弘）かたへ仰せ遣わされ候、八月以前に召し寄せられ、高麗か名護屋の御留守仰せ付けらるべきこと、

⑰一高麗為御留守居、宮部中務卿法印可被召寄候、令用意可相待旨被仰出候事、

【読み下し文】

一つ、高麗御留守居として、宮部中務卿法印（継潤）召し寄せらるべく候、用意せしめ、相待つべき旨仰せ出され候こと、

⑱一大唐都へ叡慮うつし可申候、可有其御用意候、明後年可為行幸候、然者、都廻之国十ケ国可進上之候、其内にて諸公家衆何も知行可被仰付候、下ノ衆可為十増倍候、其上之衆は可依仁躰候事、

【読み下し文】

一つ、大唐の都へ叡慮（後陽成天皇）移し申すべく候、その御用意あるべく候、明後年行幸たるべく候、然ば、都廻の国十ケ国これを進上すべく候、その内にて諸公家衆何も知行仰せ付けらるべく候、下の衆十増倍たるべく候、その上の衆は仁躰（人物）によるべ

く候こと、

⑲一大唐関白、右如被仰候、秀次江可被為譲候、然者都之廻百ケ国可被成御渡候、日本関白ハ大和中納言・備前宰相両人之内、覚悟次第可被仰出事、

【読み下し文】

一つ、大唐の関白、右仰せられ候ごとく秀次へ譲らせらるべく候、然れば都の廻り百ケ国御渡しなさるべく候、日本の関白は大和中納言（豊臣秀保）・備前宰相（宇喜多秀家）両人のうち、覚悟次第仰せ出さるべきこと、

⑳一日本帝位之儀、若宮・八条殿、何にても可被相究事、

【読み下し文】

一つ、日本帝位の儀、若宮(良仁親王)・八条殿(智仁親王)、何にても相究めらるべきこと、

㉑一高麗之儀者、岐阜宰相歟、不然者備前宰相可被置候、然者丹波中納言は九州に可被置候事、

【読み下し文】

一つ、高麗の儀は、岐阜宰相（織田秀信）か、然らざれば備前宰相（宇喜多秀家）置かるべく候、然らば丹波中納言（豊臣秀俊）は九州に置かるべく候こと、

㉒一震旦国江叡慮被為成候路次例式、行幸之可為儀式候、御泊々此度御出陣道路御座所可然候、人足伝馬ハ国限ニ可申付事、

【読み下し文】

一つ、震旦国（中国）へ叡慮ならせられ候路次例式、行幸の儀式たるべく候、御泊々、このたび御出陣道路御座所然るべく候、人足伝馬は国限に申し付くべきこと、

㉓一高麗国・大明までも御手間不入被仰付候、上下迷惑之儀少も無之候間、下々逃走事も有ましく候条、諸国へ遣候奉行共召返、陣用意可申付事、

【読み下し文】

一つ、高麗国・大明までも御手間入らず仰せ付けられ候、上下迷惑の儀少しもこれなく候あいだ、下々逃げ走ることもあるまじく候条、諸国へ遣し候奉行ども召し返し、陣用意申し付くべきこと、

㉔一平安城、并聚楽御留守之儀、追而可被仰出事、

【読み下し文】

一つ、平安城ならびに聚楽御留守の儀、追って仰せ出さるべきこと、

㉕一民部卿法印・小出播磨守・石川伊賀守以下令用意、御左右次第可致参陣旨可被申聞事、

【読み下し文】

一つ、民部卿法印（前田玄以）・小出播磨守（吉政）・石川伊賀守（光重）以下用意せしめ、御左右次第参陣致すべき旨申し聞かるべきこと、

右条々、被仰含西尾豊後守候之条、可被得其意候也、

【読み下し文】

右の条々、西尾豊後守（光教）に仰せ含められ候の条、その意をえらるべく候なり、

天正弐十

五月十八日　　秀吉（朱印）

関白殿（豊臣秀次）

「三国国割構想」

この秀吉朱印状の①③④⑤⑥～⑮㉓は、秀次の「陣用意」出陣にあたっての指示にかかるものであるが、②と⑯から㉒と㉔で、「大明国」平定後の国割構想が述べられている。

まず②で秀次に「大唐之関白職」を渡すとし、⑯で豊臣秀俊に高麗か名護屋の御留守を命じ、⑰で高麗の御留守居に宮部継潤を置き、⑱で「大唐都」＝北京に「叡慮」＝天皇を明後年に移し、

都廻りの国一〇か国を進上、その内にて公家衆に知行を与える、⑲で「大唐関白」は秀次へ譲り、都廻りで一〇〇か国を渡し、日本の関白は豊臣秀保か宇喜多秀家のどちらかにするとし、⑳で「日本帝位」は良仁親王か智仁親王とし、㉑で高麗については織田秀信か宇喜多秀家を置き、豊臣秀俊は九州に置くとし、㉒で「震旦国」（中国）へ天皇が移る際の「路次例式」は行幸の儀式とするよう、その泊々はこのたびの秀吉の出陣道路・御座所とし、㉔で平安城幷聚楽の留守は追って命じるとしている。

この秀次宛秀吉朱印状の内容を補うものとして、秀吉の右筆でもあった山中長俊が北政所の侍女に宛てた同日付の一八か条の披露状が残されている。ここには「三国国割構想」にかかわる箇条のみをあげる。

**史料9　「組屋文書」『福井県史』資料編9**

⑦一うへさま(上様・秀吉)御とかい(渡海)なされ候ふね(船)とも、いそき御もとし(戻)候て、しよせい(諸勢)めしよせられ、たいとう(大唐)へ日時をうつさすさしつかハされ、たうねんちう(当年中)ほつきん(北京)のミやこへ御さ(座)をなさるへきとの御ゐ(意)にて候、

⑧一かうらい(高麗)のミやこ(都)の御るす(留守)、ミやへのほうゐん(宮部継潤)、なこや(名護屋)の御留守にたんはのちうなこん(丹波中納言・豊臣秀俊)

殿、八月いせん(以前)にさんちん(参陣)あるへきよし、たゝいま仰いたされ候事、

⑩一たいとう(大唐)おほせつけられしたい(次第)、たうかんはく(当関白・豊臣秀次)とのへ御わたしなさるへきよし候まゝ、らい(来)正月・二月時分ニその御ようい(用意)おほせこされ候事、

⑪一につほん(日本)のていわう(帝王)さまを、から(唐)のミやこへするゐさせられへきあひた、その御ようい(用意)あるへきよしおほせあけられ、すなハちたいり(内裏)御りやうしよ(料所)として、ミやこまハりにて十かこく御しん(進)上なされ、そのうちにてしよくけしゆう(諸公家衆)へもしはい(支配)なさるへく候、した(下)ひのしゆ十さうはい(増倍)、上のしゆハしんたい(身体)くにより申へきよし御意候、

⑫一かうらい(高麗)のミやこにハきふのさい相(岐阜宰相・織田秀信)殿・ひせんのさい相(肥前宰相・宇喜多秀家)殿、このうち一人するゐさせらるへきよしに候、かうらいのミやこハ、ほんてう(本朝)のにつほんのいへかす(家数)一はいほと、あきち(明地)もなくかハらふき(瓦葺)につかまつりこれあるよしに候事、

⑬一うへさまハほんきん(北京)のミやこに御さ(座)所をなされ、又それをもたれ(誰)そ御すへなされ、につほん(日本)のふなつき(船着)にんぼうふ(寧波府)[　　]きよ所を御きわめなさるへき[　　]

⑭一こんと御さき(先)つかまつり候しゆハ、天ちく(竺)ちかきくに(国)ともくたされ候、そのゝちハうへさま御ことは(言葉)をくわへられすとも、なるへきほと天ちくきりとり申候やうにとのきよい(御意)候、

三国国割構想の概念図

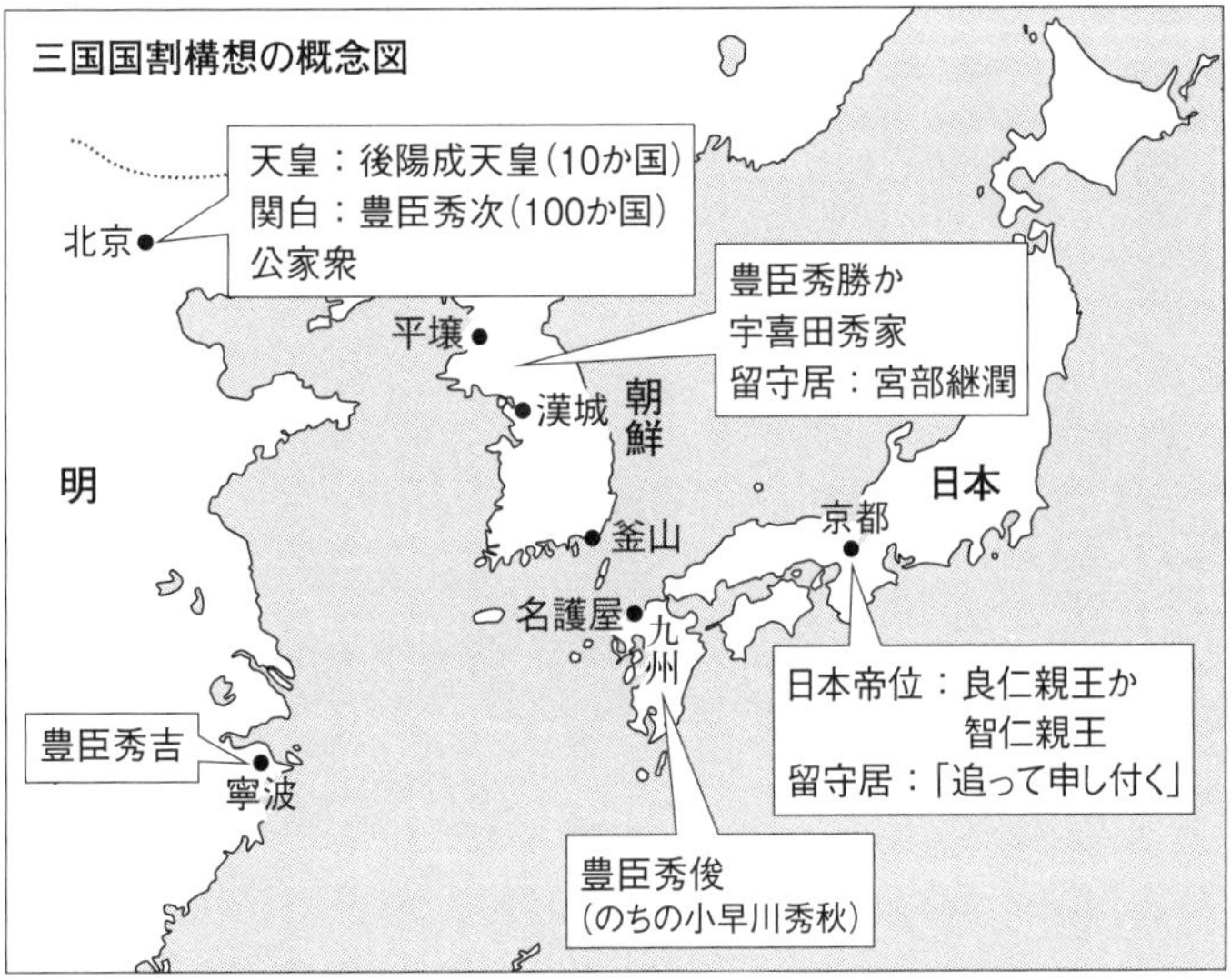


⑱一北の政所さま御むかいやかて参られへきよしの事、かうらい御とかいのとき申あけ候ハんまゝくハしからす候、御つゐても御さ候ハゝ、政所さまへ御とりなしたのミ入申候、

五月十八日（天正二〇年）　山きち（山中橘内・長俊）

御ひかしさま　　御きやくしん様

この山中長俊書状の内容は、先の秀次宛秀吉朱印状で述べられた、天皇を北京へ移し、その関白に秀次を命じ、名護屋の留守を豊臣秀俊に、高麗の都には織田秀信か宇喜多秀家を据えるなどの共通した情報が記されているが、それ以外にも重要な情報がみられる。

そのひとつは、⑬で秀吉は、北京を譲って

から日本の船着場寧波府に移るとしている点、さらに⑭で「天竺」を切り取ると述べるように、その広がりは妄想に近いものとはいえ、大きく広がった秀吉の世界像の一端をうかがわせる。なお宛名の「御ひかしさま　御きやくしん様」は、ともに北政所の取次役としてしばしば見出される。このうち「御ひかしさま」は大谷吉継（おおたによしつぐ）の母であるが、「御きやくしん（客人）」は推定案もあるが、なお未確定である。

また、秀吉は、同日付で所司代の前田玄以（まえだげんい）につぎのような指示を出す。

**史料10**　**「成簣堂文庫所蔵文書」『豊臣秀吉文書集』四一〇一号**

高麗都、去二日令落去候、然者急度被成御渡海、此度大明国迄も不残可被仰付候、其方事、頓而可被召寄候間、令用意可相待候、一途之上にて明後年ハ叡慮江大明国相渡可申候、日本御即位ハ若宮にても八条殿にても可依時候、公家衆供奉之可有用意由、可申聞候、路次中ハ行幸可為儀式候、人足ハ国限可仕候、御留主已下之儀、彼是西尾豊後守ニ被仰含候条、可成其意候、猶山中橘内・木下半介可申候也、

（天正二〇年）五月十八日（朱印）（秀吉）

（前田玄以）民部卿法印とのへ

【読み下し文】

高麗の都、去る二日落去(らっきょ)せしめ候、然らば、きっと御渡海なされ、この度大明国までも残らず仰せ付けらるべく候、その方ことやがて召し寄せらるべく候あいだ、用意せしめ相待つべく候、一途の上にて、明後年は叡慮（後陽成天皇）へ大明国相渡し申すべく候、日本の御即位は若宮（良仁親王）にても八条殿（智仁親王）にても時によるべく候、公家衆供奉の用意あるべき由申し聞くべく候、路次中は行幸の儀式たるべく候、人足は国限りに仕るべく候、御留主以下の儀かれこれ西尾豊後守（光教）に仰せ含められ候条、その意をなすべく候、なお山中橘内（長俊）・木下半介（吉隆）申すべく候なり、

この朱印状で、秀吉は、大明国征服を規定のものとし、明後年は天皇に大明国を渡し、日本の帝位には若宮か八条宮をつけるとし、公卿らにその準備を命じるよう、また天皇の北京への路次は行幸の形式で行うよう命じた。

この段階での秀吉は、朝鮮王朝の倒壊を踏まえ、明征服を具体的日程にのせ、みずからの渡海が現実的なものとなったと確信し、大明国征服を前提とした三国国割りを構想している。

次講では、この「唐入り」構想が挫折し、朝鮮出兵の目的が変化していく過程を述べることにする。

第九講

# 「唐入り」構想の放棄と結末

## はじめに

第九講では、秀吉が「唐入り」を放棄していく過程を詳細にたどる。

天正二〇年（一五九二）五月末から朝鮮民衆の反攻がはじまり、六月には本格化する。一方、海上でも、五月に、日本水軍が朝鮮水軍に巨済島（コジェとう）付近の海戦で敗れ、朝鮮南部での制海権を奪われる。

結果、渡海中止を余儀なくされた秀吉は、七月一五日、明への侵攻指示を撤回するが、なお来春の自身の渡海と朝鮮国割の意向を示す。文禄元年（一五九二）八月には明との和平交渉がはじまる。この直後、秀吉の母大政所の危篤の報が届き、秀吉は急遽大坂へと帰るが、大政所の死に目には会えず、一一月に名護屋に戻った。

文禄二年三月に入って、秀吉は慶尚道（キョンサンド）西部の晋州城（チンジュソン）攻略へと方針を転換する。一方で明との講和交渉がはじまり、五月一五日、明使が名護屋に到着する。こうしたなか、六月二九日に晋州城陥落の報を受けた秀吉は、朝鮮の仕置完了次第、戦いを終結することを表明する。

文禄二年六月、帰国する明使に内藤如安（ないとうじょあん）が答礼使として同行。しかし秀吉の晋州城攻略などもあって講和交渉は長引き、文禄三年一二月、ようやく明皇帝は、日本軍の撤退と秀吉への冊封を条件に講和を許し、明使節の日本派遣が決定する。

そして文禄四年九月に漢城を発した明の使節を、翌五年九月一日に秀吉は大坂城で引見し、明皇帝の冊封文を受け取った。秀吉はこのとき、明使に同行してきた朝鮮使節が朝鮮におけるすべての城塞の破却と軍勢の撤退を求めたことに激怒し、朝鮮への再出兵を命じる。

そして慶長二年（一五九七）五月、日本軍がふたたび渡海する。しかしこの再出兵の目標はもはや「唐入り」ではなく、朝鮮南部なかでも全羅道の征圧にあった。八月から全羅道への侵攻がはじまり、陸では日本軍が優位に戦いを進め、忠清道まで軍を進める。一方、全羅道の南海域では朝鮮水軍に大敗し、海上からの全羅道攻略は頓挫する。その後も日本軍と明・朝鮮軍との攻防はつづくが、翌三年正月、蔚山城で大規模な攻防戦があった。

慶長三年八月一八日、秀吉は六三歳の生涯を伏見城で閉じた。秀吉の死を秘匿するなか、八月二五日付の秀吉の朱印状で、講和と朝鮮からの撤兵が指示された。そして一一月には日本軍は朝鮮から撤兵する。

## 朝鮮の反撃と「唐入り」の放棄

### 秀吉の渡海延期

日本の水軍が李舜臣（イスンシン）率いる朝鮮の水軍に巨済島（コジェとう）付近・泗川沖（サチョン）の海戦で敗れ、朝鮮南部での制海権を奪われたのを皮切りに、五月末から朝鮮民衆の反攻がはじまり、六月ころには朝鮮各地での義兵活動が本格化する。

こうした状況のなか、秀吉は、徳川家康・前田利家らの意見を入れて、六月二日、この年の渡海を延期し、来年三月に渡海すると表明し、一方で重ねて大明攻めを指示した。

**史料1　「大石隼太郎氏所蔵文書」『豊臣秀吉文書集』四―一一六号**

急度被仰出候、今度之出船ニ可被成御渡海思食、既馬廻小性乗船之刻、家康・利家其外面々共、当月来月之儀者、不時早風有之事ニ候之条、是非御渡海御延引可被成旨達而言上□（候）、第一各御跡ニ有之而御船之戻相待候ハヽ八月九月相過、舟之往来相止時節ニ成候へハ、外聞実儀共ニ相果之旨、様々歎被申候条、来年三月迄御延引之分候、八幡大（菩薩日本神於上意者）御渡海緩御心底努々□明朝之儀、是非共被仰付候ハてハ不相叶儀候間、御渡海ハ必定候条、可成其意候、次高麗国御代官所、以絵図如被割付候、大明国際二分割合請取、政道法度以下如日本申付、百姓召直、年貢所当可取納候、然而大明へ道筋御座所普請申付、其代官〳〵として在番可仕候、委曲江戸大納言・加賀宰相可被申越候也、

六月二日（天正二〇年）　（朱印）（秀吉）

加藤主計頭（清正）とのへ

【読み下し文】

きっと仰せ出され候、今度の出船に御渡海なさるべく思（おぼ）しめし、すでに馬廻小姓（うままわりこしょう）乗船の刻、家康（徳川）・利家（前田）その外面々ども、当月来月の儀は、不時の早風これあること に候の条、是非御渡海御延引なさるべき旨、達て言上候、第一各々御跡にこれありて御船の戻り相待ち候ハゝ、八月九月相過ぎ、舟の往来相止む時節になり候へば、外聞実儀ともに相果つるの旨、様々歎き申され候条、来年三月まで御延引の分に候、八幡大菩薩日本神上意においては御渡海ゆるゆる御心底ゆめゆめ□、明朝の儀是非とも仰せ付けられ候はでは相叶わざる儀に候あいだ、御渡海は必定に候条、その意を成すべく候、次いで高麗国御代官所絵図をもって割り付けられ候ごとく、大明国の際（きわ）に二分割り合い請け取り、政

道・法度以下日本のごとく申し付け、百姓召し直し、年貢所当取り納むべく候、しかして大明へ道筋御座所普請申し付け、その代官々々として在番仕るべく候、委曲江戸大納言(徳川家康)・加賀宰相(前田利家)申し越さるべく候なり、

加藤清正に宛てたこの朱印状で、秀吉は、まさに渡海しようとしていたところ、徳川家康・前田利家らから、当月来月の時分には不時の早風があるので渡海を延引するよう言上され、また秀吉の渡海後、あとに残されたものたちは、朝鮮から船が戻るのを待って渡海するには、八月九月を過ぎ、船の往来が止む時節となってしまうとさまざまに歎くので、来年三月まで渡海を延引することにした、しかし明朝についてはぜひとも平定したいので必ず渡海する、ついで高麗国の御代官所を絵図をもって割り付けられたように、大明国の際に二分割しそれを請け取り、政道・法度以下を日本のごとく申し付け、年貢所当を取り納め、大明への道筋・御座所の普請を申し付け、その代官として在番するように指示している。

## 大明国への「可成程」の進攻指示

さらに翌日三日付で、秀吉は諸将に宛ててつぎのような朱印状を送った。

**史料2　「尊経閣古文書纂」『豊臣秀吉文書集』四一三四号**

先手備（そなえ）之事

一五千人　　羽柴対馬侍従（宗義智）

（中略）

都合十三万人

右先掛之儀者、三組之者一日替ニ被仰付候間、可成其意候、其次々備、如書立次第〳〵無油断動、大明国可成程可申付候、猶以渡海之人数追々可相詰旨、被仰出候、日本弓箭きひしき国にてさへ、五百千にて如此不残被仰付候、皆共ハ多勢にて大明之長袖国へ先懸仕候間、無心元も不思食候、早速可申付事肝要候、猶石田治部少輔・増田右衛門尉・大谷刑部小輔可申候也、

天正廿年六月三日　（朱印）（豊臣秀吉）

加藤主計頭（清正）とのへ

鍋島加賀守（直茂）とのへ

【読み下し文】

右、先掛けの儀は三組の者一日替りに仰せ付けられ候あいだ、その意をなすべく候、その次々の備、書立のごとく次第々々に油断なく働き、大明国なるべきほど申し付くべく候、なおもって渡海の人数（軍勢）追々相詰むべき旨仰せ出され候、日本弓箭きびしき国にてさへ五百千にてこのごとく残らず仰せ付けられ候、皆どもは多勢にて大明の長袖国（公家・僧侶を指した蔑称）へ先懸け仕り候あいだ、心許なくも思し召さず候、早速申し付くべきこと肝要に候、なお石田治部少輔（三成）・増田右衛門尉（長盛）・大谷刑部小輔（吉継）申すべく候なり、

その内容は、先掛けは三組一日替りとすること、つぎの備えは書立のごとく油断なく進め、大明国へは可能なかぎり侵攻するよう、また渡海の軍勢は追々派遣する、さらに「弓箭稠敷国」である日本については「五百千」の軍勢で日本全土を平定したのだから、皆のものどもは多勢であり「大明之長袖国」へ先懸けするのを、心許なく思っていない、早速申し付けるようにとの指示である。

六月には、小西行長が平壌を占領し、七月には加藤清正が会寧を攻め、朝鮮二王子を捕らえた。一方、日本水軍が朝鮮南部での制海権を奪われたのを皮切りに、五月末から朝鮮民衆の反攻がは

じまり、六月ころには朝鮮各地での義兵活動が本格化する。七月中旬、平壌を明軍に急襲された小西行長らは、それをどうにか撃退する。

## 「唐堺」までの侵攻を中止

こうしたなか、秀吉は七月一五日付で、小早川隆景・小早川秀包(ひでかね)・立花宗茂(たちばなむねしげ)につぎのように指示した。

**史料3　「小早川文書」『豊臣秀吉文書集』四二〇八号**

猶以、各大船事、警固船ニ被仰付候条、成其意、加子・船奉行以下慥申付、藤堂・九鬼・加藤左馬助・脇坂ニ可相渡候、

急度被仰遣候、当年中ニ唐堺迄可押詰之旨、以七人雖被仰出候、先高麗之儀悉可相静候、大明国之事者、来春被成御渡海、可被仰付之条、所々御代官惣別へ入渡候様申付、自然及異儀所於在之者、其隣国之者相談、五万も三万も一手に相動、可令成敗候、若抜懸ニ仕、又ハ面々請取之内ニ候とて、悪事見遁、越度候者、可為曲事候、猶委細藤堂佐渡守被仰含候也、

七月十五日（天正二〇年）　（朱印）（秀吉）

羽柴小早川侍従（小早川隆景）とのへ
羽柴久留目侍従（小早川秀包）とのへ
羽柴柳川侍従（立花宗茂）とのへ

【読み下し文】

なおもって各々大船のこと、警固船に仰せ付けられ候条、その意をなし、加子（かこ）・船奉行以下たしかに申し付け、藤堂（高虎）・九鬼（嘉隆）・加藤左馬助（嘉明）・脇坂（安治）に相渡すべく候、

きっと仰せ遣わされ候、当年中に唐堺まで押し詰むべきの旨、七人をもって仰せ出され候といえども、先ず高麗の儀ことごとく相静むべく候、大明国のことは、来春御渡海なされ仰せ付けらるべきの条、所々御代官惣別へ入れ渡し候よう申し付け、自然異儀に及ぶ所これあるにおいては、その隣国のもの相談、五万も三万も一手に相動き、成敗せしむべく候、もし抜け懸けに仕り、または面々請け取るの内に候とて悪事見逃し、越度候はば曲事たるべく候、なお委細藤堂佐渡守に仰せ含められ候なり、

この朱印状で、おそらく朝鮮民衆の反攻を踏まえ、先に当年中に唐堺まで侵攻するようにとの

指示を撤回し、まず朝鮮を鎮めることを優先するよう指示し、他方で来春の渡海によって大明国平定を述べ、所々の代官所での反攻への対処を命じている。

この直後、秀吉の母、大政所の危篤の報が届き、秀吉は急遽大坂へと戻る。二九日に大坂に着くが、そのときには大政所はすでに聚楽で死去していた。

一方、平壌で敗北した明が、新たに宋応昌（そうおうしょう）・李如松（りじょしょう）を朝鮮に派遣するなか、明軍の遊撃沈惟敬（しんいけい）と小西行長とのあいだで和平交渉がはじまり、ひとまず五〇日の休戦が決まる。

大坂に戻った秀吉は、八月、伏見に「御隠居所」を設けることを決め、日本に残っていた諸大名をその普請に動員する。

## 大明国への動座中止

天正二〇年八月三〇日、秀吉の側にあった木下吉隆（きのしたよしたか）は、朝鮮在陣中の吉川広家（きっかわひろいえ）に対しつぎのような書状を送った。

### 史料4　『吉川家文書』七五二号

（前略）

一来月十日、名護屋へ御下向相定候、
一来春被成御渡海、高麗之御国わり可被仰付由候、
一大明国へ御動座儀ハ、先可被相延由候、随而永々御在陣御苦労候、此方御用等候者、可被仰付候、恐惶謹言、

木下半介

吉隆（花押）

（天正二〇年）
八月卅日

（吉川広家）
羽柴蔵人頭殿

人々御中

【読み下し文】

一つ、来月十日、名護屋へ御下向相定まり候、
一つ、来春御渡海なされ、高麗の御国わり仰せ付けらるべき由候、
一つ、大明国へ御動座の儀は、先ず相延べらるべき由候、したがって永々御在陣御苦労に候、この方御用等候はば、仰せ付けらるべく候、恐惶謹言、

この木下吉隆書状を載せる『大日本古文書　吉川家文書』は、この書状を文禄二年のものとす

る。この書状の冒頭に「来月十日、名護屋へ御下向相定候」とあるのに注目すると、秀吉は、文禄二年八月一五日に名護屋を発ち、二五日大坂に着いたばかりであり、またその後名護屋に下ってはいず、この書状を文禄二年とするには無理がある。一方、前年の天正二〇年は、七月二二日に名護屋を発ち、二九日に大坂に着き、一〇月一日に名護屋に向け大坂を出発している。実際の出発日と予定された日に差があるが、出発の遅れた事情は後述のごとくであり、決定的な矛盾ではなく、この書状の年代は天正二〇年と推定される。

この書状には、秀吉の名護屋下向が九月一〇日と定まったこと、秀吉は来春渡海し、大明ではなく「高麗之御国わり」をすること、大明国への動座はひとまず延期することが記されている。

そして九月初め、大坂にいた秀吉のもとに後陽成天皇から勅書が届く。

**史料5　「京都国立博物館所蔵文書」**

高麗国への下向、嶮路波濤をしのかれむ事、無勿体候、諸卒をつかハし候ても、可事足哉、且朝家のため、且天下のためかへすく発足遠慮可然候、勝を千里に決して、此度の事おもひとまり給候ハヽ、別而悦おほしめし候へく候、猶勅使申候へく候、あなかしく、

（切封墨引）

太閤（秀吉）とのへ

【読み下し文】

高麗国への下向、嶮路（けんろ）波濤を凌がれむこと、勿体（もったい）なく候、諸卒を遣わし候ても、こと足るべきや、かつ朝家のため、かつ天下のためかえすがえす発足遠慮しかるべく候、勝を千里に決して、この度のこと思ひ止まり給わり候はば、別して悦び思し召（おぼめ）し候へく候、なお勅使申し候べく候、あなかしく、

この勅書で後陽成天皇は、秀吉の高麗国への下向を、嶮路波濤を凌いでの渡海は「勿体」なきことで、諸卒を遣わしてことたるのではといい、朝家のため、また天下のために発足を「遠慮」するよう求めた。

この要請に応えてか、秀吉は予定していた九月一〇日の名護屋下向を延期するが、一〇月一日には大坂を発ち名護屋へと向かった。この間の事情を、秀吉はつぎのように述べている。

**史料6　『豊臣秀吉文書集』四二五〇号**

□□□□（勅書今日）辰刻、謹而頂戴□□（仕候）、筑紫在国之儀、向□□□（寒天罷）越事如何と思召、以菊亭右大臣・

勧修寺大納言・中山大納言・久我大納言可致　延引旨被仰含□(被)下之儀、忝奉存候事
□(一)如　叡聞、高麗之儀丈夫ニ申付、不存緩之条、御心安可被思召事、
一筑紫九ケ国之儀、至路次中迄(茂)堅申付、幷名護屋ニハ関東八州・出羽・奥州・北国諸勢、
何(茂)丈夫ニ申付候、是又被成　御機遣間敷候事、
□□(一如)右申付候間、任　叡慮当年中致逗留、細々参内申、雖致御目見度候、高麗へ渡海申付
□(候)人数、筑紫九ケ国・山陽道八ケ国・四国・山陰道八ケ国・壱岐・対馬幷名護屋ニ諸勢
六十余州無残所申付置候、士卒同前ニ名護屋ニ在陣候(而)、諸事副心候さへ長陣不便候処、
叡慮と乍申、秀吉爰許ニ致逗留候者、右諸勢某致退屈、遊山をも仕在之様存候へハ、且上
之御為と申、又ハ秀吉覚悟をも見限候へハ、今迄諸事申付候事、無ニ可罷成候哉、相背勅
定候様、自然下々存候へハ如何敷候条、今月中相延、来月可罷下候、幸十月ハ風も長等閑
ニ海上穏成由申候間、御心安被思召、御暇被下候様仕度候□□(条、為)両四人右存寄心中不残御
披露憑入候、恐々謹言、
九月九日(天正二〇年)　秀吉
菊亭右大臣殿(晴季)

【読み下し文】

勅書今日辰の刻、謹んで頂戴仕り候、筑紫在国の儀、寒天に向かい罷り越す事如何と思し召し、菊亭右大臣(晴季)・勧修寺(かじゅうじ)大納言(晴豊)・中山大納言(親綱)・久我大納言(敦通)をもって、延引いたすべき旨仰せ含められ下さるの儀、忝(かたじけな)く存じ奉り候こと、

一つ、叡聞のごとく、高麗の儀丈夫に申し付け、緩み存ぜざるの条、御心やすく思し召さるべきこと、

一つ、筑紫九ケ国の儀、路次中に至るまでも堅く申し付け、ならびに名護屋には関東八州・出羽・奥州・北国の諸勢、何れも丈夫に申し付け候、是又御気遣いなされまじく候こと、

一つ、右のごとく申し付け候あいだ、叡慮に任せ、当年中は逗留致し、細々参内申し、御目見致したく候といえども、高麗へ渡海申し付け候人数、筑紫九ケ国・山陽道八ケ国・四国・山陰道八ケ国・壱岐・対馬ならびに名護屋に諸勢六十余州残すところなく申し付け置き候、士卒同前に名護屋に在陣候て、諸事心ぞえ候さへ長陣不便に候ところ、叡慮と申しながら、秀吉ここもとに逗留致し候はば、右の諸勢、某(秀吉)退屈致し、遊山をも仕りこれある様存じ候へば、かつは上の御ためと申し、または秀吉覚悟をも見限り候へは、今まで諸事申し付け候こと、無にまかり成るべく候哉、勅定にあい背き候様、

自然下々存じ候へばいかがわしく候条、今月中相延べ、来月まかり下るべく候、幸い十月は風も長く等閑に海上穏やかなる由申し候あいだ、御心安く思し召され、御暇下され候よう仕りたく候条、両四人として右存じ寄る心中残さず御披露頼み入り候、恐々謹言、

この天皇への披露状の冒頭で、秀吉は勅書を給わったことを謝し、第一条で高麗については「丈夫」に、第二条で筑紫九か国までの路次を厳重に申し付け、また名護屋も関東八州などの諸勢により「丈夫」に申し付けているので、安心また気遣いなきよう申し、第三条で、渡海している諸将、名護屋在陣の諸将のことを考えると、叡慮ではあるが、上方に逗留しては諸勢のものが秀吉が退屈し遊山しているように思っては、天皇のためにも、また秀吉を見限るようになっては、いままで諸事申し付けたことが無になってしまうのではないか、勅定に背くように万一下々のものが存じてはいかがわしいので、今月中は相延べ、来月に名護屋へ下向するつもりであるので、天皇への披露を願いたい、とする。

## 大明への侵攻放棄

文禄元年一〇月一日、大坂を発った秀吉は、一一月一日に名護屋に着いた。

一二月、明軍が鴨緑江（アムノッカン）を越えて朝鮮に入った。同月二七日、秀吉は吉川広家の留守居中宛の朱印状で、つぎのように報じた。

**史料7　「吉川正統叙目」『豊臣秀吉文書集』四三六八号**

急度被仰遣候、来三月至于高麗被成御渡海、御仕置等被仰付、早速可為御帰朝候、然者、吉川侍従母儀事、京都へ罷上、輝元女房衆一所ニ可在之旨可申付候、并留守居共妻子をも同前ニ可差上候、不可有由断候、猶浅野弾正少弼・長束大蔵太輔・石田木工頭・寺沢志摩守・木下半介可申候也、

極月廿七日（文禄元年）　（朱印）（秀吉）

吉川侍従（広家）との

留守居中

【読み下し文】

きっと仰せ遣わされ候、来る三月高麗に至り御渡海なされ、御仕置等仰せ付けられ、早速御帰朝たるべく候、しからば、吉川侍従（広家）母儀のこと、京都へ罷り上り、輝元（毛利）女房衆一所にこれあるべき旨申し付くべく候、ならびに留守居ども妻子をも同前に差

し上ぐべく候、油断あるべからず候、なお浅野弾正少弼(長吉)・長束大蔵太輔(正家)・石田木工頭(正澄)・寺沢志摩守(定政)・木下半介(吉隆)申すべく候なり、

冒頭で翌年三月の高麗への渡海を伝えるものの、高麗の仕置を命じたあとすぐに帰朝すると報じている。すなわち大明国への侵攻はこの段階で改めて放棄されている。

文禄二年正月、明軍・朝鮮政府軍・義兵による平壌攻撃がなされた。日本側はそれをどうにか凌ぐも、平壌を放棄し、京畿道の開城さらに漢城へと撤退する。日本軍を追って開城に入った明軍は漢城へと向かい、漢城の北の碧蹄館で日本軍と激突するが敗れ撤退する。いっぽう日本軍は、勝利したものの追撃の余裕なく漢城に軍を引いた。

こうしたなか秀吉は二月、慶尚道西部の中核城郭晋州城攻略と全羅道攻略へと方針を転換する。そのため、前田利家をはじめとする東国・北国の軍勢の派遣が検討された。

**史料8　「立花文書」『福岡県史』柳川藩初期上**

覚

①一都近辺へ唐人以大軍対陣候ニ付而者、態留置候て、早速注進可申上候、即時被成御渡海

悉可被討果候、此日来之注進不首尾候之条、難被成御分別被思食候事、

②一赤国一篇ニ可被仰付候之間、四五月迄兵粮も有之而、都に在陣仕於可然、今迄之衆ニ九州衆相加り可居陣候、重而兵粮之儀者相続候様ニ可被仰付事、

③一右之兵粮も無之、在陣も難成候者、釜山海と都途中、赤国之押にも可成可然所各令相談、羽柴安芸宰相・羽柴小早川侍従、九州衆一所に丈夫ニ陣取可在之事、

④一都相抱如此中於在之者、赤国動事、昌原衆・浅野弾正・岐阜衆・羽柴加賀宰相・羽柴会津少将相談、もくそ城可取巻候、然者、廰而近所へ安芸宰相請手として可有之事、

⑤一中途都へ於陣替者、備前宰相・石田治部少輔・大谷刑部少輔・生駒雅楽頭可為請手事、但蜂須賀・戸田・福島三人は取巻衆ニ可相加事、

⑥一中途之陣衆より釜山海之間、伝々ニハ今迄之衆其侭可有之候、自然不入所於在之者、動衆と申談、可随其事、

⑦一増田右衛門尉・加藤遠江守・前野但馬守三人ハ、釜山海に在之而、後迄之城所見計、普請等可申付事、

⑧一土佐侍従ハ船手へ可相加事、

⑨一釜山海・椎木島・唐島ニ城を拵、人数を置可然之由被聞食候之間、何時も仕候てよき時

分見計、各普請仕、土佐侍従申談可入置事、

⑩一御兵粮追々被遣候、船共も被為造候之間、何時も可被相着候之条、丈夫に可令覚悟事、

右条々、委細黒田勘解由ニ被仰含候、若於違背之族者、有様に可注進之由、誓紙被仰付候之間、各成其意、諸事不可有由断候也、

文禄二年二月廿七日

朝鮮国在陣衆中

【読み下し文】

①一つ、都近辺へ唐人大軍をもって対陣候については、わざと留め置き候て、早速注進申し上ぐべく候、即時御渡海なされ、悉く打ち果たさるべく候、この日来の注進不首尾候の条、御分別なされがたく思し召され候こと、

②一つ、赤国(全羅道)一篇に仰せ付けらるべく候のあいだ、四五月まで兵粮もこれありて、都に在陣仕り然るべきにおいて、今までの衆に九州衆相加り居陣すべく候、重ねて兵粮の儀は相続き候ように仰せ付けらるべきこと、

③一つ、右の兵粮もこれなく、在陣も成しがたく候はば、釜山海と都途中、赤国の押えにも成るべき然るべきところ各相談せしめ、羽柴安芸宰相（毛利輝元）・羽柴小早川侍

従（隆景）、九州衆一所に丈夫に陣取りこれあるべきこと、

④一つ、都相抱えこの中のごとくこれあるにおいては、赤国働きのこと、昌原衆・浅野弾正（長吉）・岐阜衆・羽柴加賀宰相（前田利家）・羽柴会津少将（蒲生氏郷）相談、もくそ城（牧使＝晋州）取り巻くべく候、然らば、やがて近所へ安芸宰相（毛利輝元）請け手としてこれあるべきこと、

⑤一つ、中途都へ陣替えにおいては、備前宰相（宇喜多秀家）・石田治部少輔（三成）・大谷刑部少輔（吉継）・生駒雅楽頭（近規）請け手たるべきこと、ただし、蜂須賀（家政）・戸田（勝隆）・福島（正則）三人は取り巻き衆に相加うべきこと、

⑥一つ、中途の陣衆より釜山海の間、伝々には今までの衆そのままこれあるべく候、自然入らざるところこれあるにおいては、働き衆と申し談じ、それに従うべきこと、

⑦一つ、増田右衛門尉（長盛）・加藤遠江守（光泰）・前野但馬守（長泰）三人は、釜山海にこれありて、後までの城所見計い、普請等申し付くべきこと、

⑧一つ、土佐侍従（長宗我部元親）は船手へ相加うべきこと、

⑨一つ、釜山海・椎木島・唐島に城を拵え、人数を置き然るべきのよし聞こし召され候のあいだ、何時も仕り候てよき時分見計い、各普請仕り、土佐侍従申し談じ入れ置くべ

きこと、

⑩一つ、御兵粮追々遣わされ候、船どもも造らせられ候のあいだ、何時も相着けらるべく候の条、丈夫に覚悟せしむべきこと、

右の条々、委細黒田勘解由（孝高）に仰せ含められ候、もし、違背の族においては、有様に注進すべきのよし、誓紙仰せ付けられ候のあいだ、各その意を成し、諸事油断あるべからず候なり、

この朱印状は、明軍の漢城近辺への進攻の報を受けて、朝鮮での戦線の建て直しを指示したものであるが、その②③④条で「赤国一篇」「赤国之押」「赤国動」をさまざまに指示しているように、戦略の中心は朝鮮南部の「赤国」全羅道へと移された。

その後、小西行長と明とのあいだで和平交渉がはじまり、明側からは講和条件として、明からの講和使節の派遣、明軍の朝鮮からの撤退、日本軍の漢城からの撤退、朝鮮の二王子の返還、が示された。そして五月一五日、小西行長にともなわれた明使が名護屋に到着した。

秀吉は明使にすぐには会わず、五月二〇日に総勢一二万を越える軍勢での全羅道の晋州城攻撃を命じ、朝鮮にいた毛利輝元に大明国から勅使が来たが、和平はみずからの意向に合致しないと

きには受け入れないと報じた。

そして五月二三日、秀吉は、明使を引見する。そのとき秀吉から、①明の皇女を日本の天皇の后妃とすること、②日明の貿易再開、③日明の大官間での誓紙の交換、④漢城近辺四道の朝鮮への引き渡し、⑤朝鮮王子と大臣の渡海、⑥生け捕った王子の引き渡し、⑦朝鮮権臣の誓紙の提出、が和平条件として示された。六月、帰国する明使に内藤如安が答礼使として同行する。しかし、長期間足止めされた。

## 晋州城陥落と「納馬」

晋州城（牧使城）陥落の報を受けた秀吉は、七月五日、つぎのように報じる。

**史料9　「田丸文書」東京大学史料編纂所影写本**

如此被仰遣候処、高麗ニをいてもくそ城責崩、悉討果之由候、猶以御仕置城々出来次第、可被納御馬候、可成御意候、以上、

六月九日之書状披見候、為見舞遠路申越段、別而悦思召候、随而朝鮮国之儀、従大明差越勅使、何様ニも可応御意候旨申ニ付而、自此方も七ケ条を以被仰遣候、定而可及返答間之儀、朝鮮

御仕置堅被仰遣候、相済次第可被納御馬候条、可得其意候、猶長束大蔵大輔可申候也、
（文禄二年）七月五日（朱印）（秀吉）
田丸中務少輔（直昌）とのへ

【読み下し文】

かくのごとく仰せ遣わされ候ところ、高麗においてもくそ(牧使)城責め崩し悉く討ち果すの由候、なおもって御仕置城々出来次第、御馬を納めらるべく候、御意なすべく候、以上、

六月九日の書状披見候、見舞として遠路申し越す段別して悦び思し召し候、したがって朝鮮国の儀、大明より勅使差し越し、何様にも御意に応ずべく候旨申すについて、この方よりも七ケ条をもって仰せ遣わされ候、定めて返答に及ぶべき間の儀、朝鮮御仕置堅く仰せ遣わされ候、相済み次第御馬納めらるべく候条、その意をうべく候、なお長束大蔵大輔(正家)申すべく候なり、

ここでは明との和平交渉の状況が示され、秀吉による朝鮮の仕置が完了次第、「納御馬」すなわち戦いを終結すると表明している。ついで秀吉は、朝鮮南部の軍事的拠点確保のために、「御

仕置」の城の普請と、五万人におよぶ軍勢の帰還を命じた。

八月三日、秀吉は、秀頼誕生の報を得て急遽名護屋を発ち、二五日には大坂に着いた。九月、関白秀次に「種々御意見」をし、日本を五つに割り、四つを秀次に与え、ひとつを秀頼に与えると約束する（『言経卿記』）。

閏九月には、鷹狩りと称して秀次の領地尾張に出向き、尾張の地の荒廃ぶりをみて、調査を改めて命じるなどし、秀次の失政を責めるいっぽう、一〇月には秀次の娘と秀頼との婚約を約した（『増補駒井日記』）。

文禄二年後半から文禄三年にかけては、いわば休戦期間である。この間に秀吉は、陸奥・常陸・信濃・越後・尾張・伊勢・大和・摂津・河内・和泉・播磨・筑前・筑後・豊後・肥前・肥後・薩摩・日向・大隅など多くの国で検地を実施する。その直接の目的は、おそらく朝鮮出兵における兵糧米確保にあったと思われる。このころ朝鮮での兵粮不足が深刻となり、日本の将兵の逃亡が相ついでいた。

文禄三年正月には、伏見城の普請が本格化し、日本での拠点の再構築が計られた。

文禄三年一二月、明皇帝は内藤如安をようやく謁見し、日本軍の撤退と秀吉への冊封を条件に講和を許し、明使節の日本派遣を決定する。

文禄四年五月、明使節派遣の報を受けた秀吉が再度提示した和平条件は、①朝鮮王子の日本来朝と秀吉への近侍を条件に日本領となった朝鮮南四道の王子への付与、②日本側の軍営一五か所のうち一〇か所の撤去、③大明皇帝の詔書と勅使派遣、④日明の勘合貿易の実施、であった。

こうしなか七月三日、秀吉は、秀次から関白職を剥奪し、八日、秀次を伏見に呼び出し、剃髪させ高野山に追放する。追放された秀次は、そこで自刃した。政情不安定のなか、七月には秀頼への忠誠を約した起請文が家康らから出され、八月三日には五大老の連署の「御掟」「御掟追加」が出された。

文禄四年九月、明の使節が漢城を出発し、正使は一一月に釜山に着いた。しかし翌五年四月、明の正使が逃亡する事件が起き、その対処として副使を正使とし、沈惟敬を副使とし、六月に対馬に到着した。

明使到着直後の閏七月一三日、畿内を襲った大地震によって伏見城は大被害をこうむり、明使との引見は延期された。九月一日、秀吉は大坂城で明使を引見し、万暦二三年（文禄四）正月二一日付の明皇帝の冊封文と常服などを受け取った。

従来、秀吉を日本国王に冊封するとする明の対応に秀吉が激怒し、朝鮮再出兵に踏み切ったとされてきたが、そうではない。秀吉の激怒は、堺へ戻った明使節の接待のために遣わされた使僧たちに、朝鮮使節が朝鮮におけるすべての城塞の破却と軍勢の撤退を求める書翰を言伝て、それを秀吉が読んだときのことである。朝鮮使節の正使の記録は、「天朝、則ち既に使を遣わして冊封す、我姑らく之を忍耐す、しかるに朝鮮は則ち礼なくして、ここに至る、今や和を許すべからず」との秀吉の言を記している。

文禄五年一二月、小西行長が王子来日を軸に、講和交渉を進める。いっぽう日本では伏見城がほぼ完成する。

慶長二年正月、秀吉は、京都下京に秀頼のための新城を計画し、四月にそれを禁裏の東南の地に変更し、九月には完成させる。そして二六日、秀吉は秀頼とともに新城に入り、二九日秀頼をともなって参内する。この機会に秀頼は元服、従四位下左近衛少将に叙任された。

## 再出兵の目的、全羅道の征圧

慶長二年の正月、加藤清正が朝鮮僧惟政を介して服属交渉を行うが、成立しない。こうしたなか、七月にかけて、九州・中国・四国の大名を中心とした日本軍が渡海する。いわゆる慶長の役である。

再出兵の目標は、もはや明征服ではなく朝鮮南部なかでも全羅道の征圧に絞られた。八月、全

**蔚山攻城図屏風・部分**(福岡市博物館蔵)　慶長3年(1598)正月、中央に日本軍が築いた蔚山城、それを囲む明・朝鮮軍。

羅道への侵攻がはじまり、陸では日本軍が優位に戦いを進め、全羅道を征圧、そしてその北の忠清道まで軍を進める。

いっぽう全羅道の南海域では、当初日本水軍優位に展開するが、その後は李舜臣率いる朝鮮水軍に大敗を喫し、海上からの全羅道攻略は頓挫する。

一二月、明・朝鮮軍による蔚山城攻撃がはじまり、慶長三年正月四日まで大規模な攻防戦が続いた。日本軍は明軍を撃退するも、追撃する力はなかった。

そうしたなか、慶長三年二月、朝鮮在陣の諸将は在番城の縮小を内容とする再編案を作成し秀吉に送った。それに対し、秀吉は、

**史料10 「立花文書」『福岡県史』柳川藩初期上**

急度被仰遣候、

一渡海之者共かたゟ、蔚山・梁山・順天可引払之由申遣候へ共、無同心ニ付、得御意候由申越候、不得御諚をも、右三ケ所可引取之由申候段、曲事共候、但梁山ハ不入所ニ候間、かとかいへ可引入之由、被仰遣候事、

（四ケ条中略）

一来年ハ御人数被指渡、朝鮮都までも動之儀可被仰付候、得其意、兵粮・玉薬沢山ニ覚悟仕、可在陣候也、

（慶長三年）三月十三日（朱印）（秀吉）

羽柴久留米侍従とのへ（小早川秀包）

羽柴柳川侍従とのへ（立花宗茂）

高橋主膳正（直次）とのへ
筑紫上野介（広門）とのへ

【読み下し文】

きっと仰せ遣わされ候、

一つ、渡海のものどもかたより、蔚山・梁山（ヤンサン）・順天（スンチョン）引き払うべきよし申し遣し候へども、同心なきにつき、御意を得候由申し越し候、御諚（ごじょう）をも得ず、右三ケ所引き取るべきの由申し候段、曲事どもに候、ただし梁山は入らざる所に候あいだ、かとかい（加徳（カドク））へ引き入るべきの由、仰せ遣わされ候こと、

（四ケ条中略）

一つ、来年は御人数差し渡され、朝鮮都までも動きの儀仰せ付けらるべく候、その意を得、兵粮・玉薬（たまぐすり）沢山に覚悟仕り、在陣すべく候なり、

と、在陣衆の戦線縮小案を「御諚」を得ていないことをあげ曲事とし、在番城再編と兵粮米備蓄強化とを命じ、翌年の大規模派兵を伝えた。この朱印状は小早川秀包ら四人に対してのものであるが、朝鮮在番の諸将に同様の指示が出されている。

三月、秀吉は、醍醐の花見を催し、四月一八日に秀頼をともなって参内、秀頼は二〇日にも参内し、従二位権中納言に叙任された。

しかし、六月初め、秀吉の病が再発し、六月の終わりには赤痢と思われる症状が出た。七月一五日、秀吉は、大名や奉公衆に「遺物」を、二五日には天皇をはじめ親王・女御・公家・門跡へも「遺物」を配分した。

八月五日には、徳川家康・前田利家・毛利輝元・上杉景勝・宇喜多秀家に宛てた遺書を認める。そこには「秀より(頼)事なりたち候やうに、此かきつけ(書付)候しゆ(衆)を、しん(神)たのみ申、なに事も此ほかにわ、おもひ(思)のこす事なく候」とあり、秀吉亡きあとの秀頼の行く末を心から頼んでいるが、朝鮮出兵のことはなにも記されていない。そして八月一八日秀吉は死去する。

八月二五日に、秀吉の死を秘匿したまま、秀吉の朱印状を携えた使者が派遣される。

**史料11　『島津家文書』四三五号**

其表為見廻、徳永式部卿法印・宮木長次両人被差遣候、長々在番辛労之至候、仍道服給被遣之候、猶奉行衆・年寄共方より可申候也、

八月廿五日(慶長三年)　(朱印)(秀吉)

羽柴薩摩侍従（島津義弘）とのへ

【読み下し文】

その表見廻として、徳永（とくなが）式部卿法印（寿昌（ながまさ））・宮木（みやぎ）長次（豊盛（とよもり））両人差し遣わされ候、長々在番辛労の至りに候、よって道服袷（あわせ）これを遣わされ候、なお奉行衆・年寄ども方より申すべく候なり、

ここには在陣見廻の使者の派遣が記されているが、これまでには見られない「猶奉行衆・年寄共方より可申候也」という文末文言があり、この後、「御奉行衆」「年寄共」より出される文書の効力を担保するかたちになっている。

そして二八日には、つぎのような四大老の連署状が出された。

**史料12　「亀井文書」『徳川家康文書の研究』中**

以上

其表御無事之上を以、可被打入之旨、御朱印幷覚書、徳永式部卿法印・宮木長次口上一も被相含被差渡候、然者被打入候刻、舟以下も可入哉と、上様被仰付、新艘其外諸浦之船追々差

渡候、其上至博多安芸宰相殿・浅野弾正少弼・石田治部少輔被差越候間、其方一左右次第、急度令渡海、可及相談候条、可被得其意候、恐々謹言、

（慶長三年）
八月廿八日

（毛利）輝元（花押）
（宇喜多）秀家（花押）
（前田）利家（花押）
（徳川）家康（花押）

（立花宗茂）羽柴左近殿

【読み下し文】

その表御無事のうえをもって、打ち入らるべきの旨、御朱印ならびに覚書、徳永式部卿法印（寿昌）・宮木長次（豊盛）口上にも相含められ差し渡され候、しからば討ち入られ候刻、舟以下も入るべきやと、上様（秀吉）仰せ付けられ、新艘その外諸浦の船追々差し渡し候、その上博多に至り、安芸宰相（毛利秀元）殿・浅野弾正少弼（長政）・石田治部少輔（三成）差し越され候あいだ、その方一左右（いっそう）次第、きっと渡海せしめ、相談に及ぶべく候条、その意を得らるべく候、恐々謹言、

ここには、朝鮮表の「無事」を前提に「打入り」が「御朱印幷覚書」を以て伝えられ、詳細は、使者となった徳永寿昌・宮木豊盛が口上で伝えるとし、打ち入るときの船の用意が秀吉より命じられたことが記されている。

もはや主（秀吉）なき段階での撤兵策がそこには示されている。そして一一月には日本軍は朝鮮からほぼ撤兵し、秀吉の朝鮮出兵は終わりをつげる。

## おわりに

第八講、九講をつうじて、秀吉の朝鮮出兵の展開をみてきた。そこで明らかにしたことは、秀吉の「唐入り」は、天下一統を踏まえて構想されたものではなく、早く天正一三年にその萌芽がみられ、天正一五年の島津攻め後には、朝鮮出兵の意向を示し、対馬の宗氏に朝鮮との交渉をさせた。

奥羽仕置を終えた天正一八年には朝鮮の使節を迎え、それを朝鮮の服属ととらえて、天正二〇年に唐入りを開始した。さらに同年五月段階では、順調に進む朝鮮制圧を踏まえ、明制圧を念頭に置き、天皇を北京に移すことを核とする「三国国割構想」を表明した。

その内容は、きわめて詳細かつ具体的なものであることからして、この時点で急に思いついたものではなく、以前より暖めていたものと考えられる。しかし、六月を過ぎると朝鮮民衆の反撃、さらには明の援軍が派遣されるなかで、まず「唐入り」を放棄し、朝鮮の仕置に、ついで朝鮮の南四道、さらに「納馬」を念頭におきつつ全羅道掌握へと方針を縮小していった。秀吉の朝鮮出兵自体が無謀なものであったことは事実であるが、秀吉の戦略はその時々、その状況に応じて刻々変化していたことにも注目したい。

**【参考文献】**


・朝尾直弘「十六世紀後半の日本」岩波講座『日本通史』近世一、一九九三年
・李啓煌「朝鮮から見た文禄・慶長の役」岩波講座『日本歴史』一〇、二〇一四年
・徳川義宣『新修　徳川家康文書の研究』吉川弘文館、一九八三～二〇〇六年
・中野等『豊臣政権の対外侵略と太閤検地』校倉書房、一九九六年
・中野等『秀吉の軍令と大陸侵攻』吉川弘文館、二〇〇六年
・中野等『戦争の日本史16　文禄・慶長の役』吉川弘文館、二〇〇八年
・中村孝也『徳川家康文書の研究』丸善、一九五八～一九六〇年
・橋本政宣『近世公家社会の研究』吉川弘文館、二〇〇二年
・藤井讓治『天皇の歴史5　天皇と天下人』講談社、二〇一一年
・藤井讓治『天下人の時代』吉川弘文館、二〇一一年
・藤井讓治『戦国乱世から太平の世へ』岩波新書、二〇一五年
・三鬼清一郎『豊臣政権の法と朝鮮出兵』青史出版、二〇一二年

あとがき

「天下」を取り上げた第一講では、同じ用語であっても、時代時代によってその意味するところが大きく異なり変化すること、そのことによって歴史的事実の評価が変わることを指摘し、歴史研究における用語の意味内容を確定することの重要さを述べた。

秀吉の関白任官にいたる過程をあつかった第二講は、ひとつの政治的出来事、ここでは秀吉の関白任官であるが、それを分析するとき、その結果に到達するまでに立場の異なる多様な政治勢力、秀吉はもちろん天皇・摂家などのさまざまな動きのなかでみていく必要のあることを理解していただければと思う。

第三講では、上杉景勝宛秀吉書状の改竄(かいざん)を取り上げ、改竄や用語理解・年代推定の誤りから誤った歴史事実を作り上げ、さらに位置づけるべき歴史事実を消し去っていたことを指摘し、歴史研究において、拠るべき史料の真偽を見極めることの重要性を考えてみた。研究においては、初歩的といえる作業である。

第四講では、定説化した「惣無事令」論が作り上げられる過程、史料の年代推定、反する事例の検証をすることで否定したが、ここでは定説化している見解をどのような手順で批判していくか、そのひとつの試みである。

第五・六・七講は、豊臣期のこの期の奉公人が百姓・町人とならぶ身分として成立し、江戸期にはその姿を変えることを新たに主張したものであるが、研究史の厚い分野での研究の進め方の一端を提示してみた。

秀吉の朝鮮出兵を扱った第八講・第九講は、秀吉の「唐入り」が全国統一以前に構想されていたこと、それが朝鮮側の拒否により「朝鮮出兵」に変わり、さらに朝鮮での順調な侵攻のなかで、天皇の北京移徙(いし)を含む「唐入り」が現実のものとして構想されるが、朝鮮民衆・明軍の反撃によって放棄され、講和交渉のなかで明の冊封を受け入れたうえで、秀吉の構想が朝鮮さらに朝鮮半国の掌握へと縮小していく姿を、主として秀吉文書をもちいて描いた。ここでは政治過程を的確に押さえることの重要性を考えてみた。

## は行



## ま行



## や行



## ら行



## わ行

## な行

## さ行



## た行

# 索引

000*—写真、図版のあるページを示す

## あ行



## か行

日本歴史 私の最新講義 22
天下人秀吉の時代

2020年3月5日　第1版 第1刷発行

著　者　藤井 讓治
発行者　柳町 敬直
発行所　株式会社 敬文舎
〒160-0023　東京都新宿区西新宿3-3-23
ファミール西新宿405号
電話　03-6302-0699（編集・販売）
URL　http://k-bun.co.jp
印刷・製本　中央精版印刷株式会社

造本には十分注意をしておりますが、万一、乱丁、落丁本などがございましたら、小社宛てにお送りください。送料小社負担にてお取替えいたします。



Printed in Japan ISBN978-4-906822-22-5